KB035290

하루 3분

쓸모 있는 영어

→ mp3.

blog.naver.com/
languagebook

하루3분
쓸모 있는 **영어**

초판 1쇄 발행   2022년 1월 30일
초판 1쇄 인쇄   2022년 1월 20일

저자   이경주
기획   김은경
편집   이지영
디자인   IndigoBlue
성우   John Michaels
녹음   BRIDGE CODE

발행인   조경아
발행처   **랭**귀지**북**스
주소   서울시 마포구 포은로2나길 31 벨라비스타 208호
전화   02.406.0047   **팩스**   02.406.0042
이메일   languagebooks@hanmail.net
등록번호 101-90-85278   **등록일자** 2008년 7월 10일
MP3 다운로드 blog.naver.com/languagebook

ISBN   979-11-5635-179-5 (03740)
값   16,000원
ⒸLanguagebooks, 2022

이 책은 저작권법에 따라 보호받는 저작물이므로 무단 전재와 무단 복제를 금지하며,
이 책 내용의 전부 또는 일부를 이용하려면 반드시 저작권자와 **랭**귀지**북**스의 서면 동의를 받아야 합니다.
잘못된 책은 구입처에서 바꿔 드립니다.

실용 영단어와 시사 상식을 한 번에!

영어 단어를 수능, 토플, 토익 같은 시험 대비용으로 무작정 외우면,
어렵고 힘들게 느껴집니다. 그래서 이 책은 쉽고 재미있게 단어를 기억하고,
실생활에서 사용하며 바로 학습할 수 있도록 내용을 구성했습니다.

먼저, 우리가 매일 접하는 뉴스에서 많이 보는 영어 약어(**Abbreviation**)에
조합된 단어를 중심으로 살펴봅니다. 현재 이슈가 되는 내용을 자연스럽게
알게 되고 시사 상식도 풍부해지는 아주 실용적인 학습법입니다.
각 단어에서 확장되는 관련 어휘를 연상 학습할 수 있어 기억하기도 좋습니다.
그리고 일상생활에서 우리말처럼 사용하는 영단어를 소개했습니다. 누구나
한 번 이상 들은 적이 있고 친숙하게 사용하는 영단어를 그 의미까지
제대로 학습할 수 있게 알려드립니다. 한국에서만 통하는 한국어식 영단어,
콩글리시(**Konglish**)도 미국에서 실제 사용하는 단어로 정리했습니다.

이렇게 이 책은 단순히 약어만 익히기 위한 것이 아니라 영단어를 보다
효과적으로 학습하는 데 더 큰 목적을 두고 있습니다. 영어를 쉽게 효율적으로
접근하고, 거기에 실용적이면서 시험 대비까지 가능한 어휘를 선별하여
담았습니다. 정말 쉽고 재미있게 오래 기억할 수 있는,
학습효과가 뛰어난 책이라 자신합니다.

자, 이제 영단어 학습을 새롭게 시작해 보세요!

기사에서 많이 보고 듣는 영어 약어부터 다양한 분야별 일상 용어까지 파트별로 다루고 있습니다. 한국어식 영어(콩글리시)와 기본 영단어도 동시에 익힐 수 있도록 구성하였습니다.

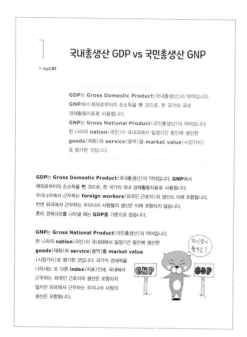

Part 1
시사 상식 약어

TV, 신문 같은 미디어매체에서 영어 약어의 홍수라고 할 수 있을 정도로, 약어를 많이 사용합니다. 그래서 영어 약어 공부를 통해 영단어를 능률적으로 학습하며 오래 기억 하는 동시에, 상식도 넓힐 수 있습니다. 약어를 구성하는 기본 조합 단어 외에도 많은 영단어를 소개했습니다. 여기에 관련된 표현을 익히고, 파생어까지 정리하면 엄청나게 많은 영단어를 자연스럽게 외울 수 있습니다.

Part 2
분야별 약어

시사 상식에 필요한 주요 약어 및 관련 영단어들을 Part 1에서 함께 공부했다면, Part 2에서는 분야별 중요 약어들을 정리하여 추가하였습니다. 이 정도라면 여러분이 일상에서 접하는 약어에는 막힘이 전혀 없으리라 생각합니다.

3 인터넷 용어

☐ 가상메모리 Virtual Memory 말 그대로 실재로는 존재하지 않지만 사용자에게
  대용량의 메모리나 저장 공간을 사용하도록 한 것을 말하는데 윈도우는 하드
  디스크의 일정영역을 가상메모리 공간으로 사용합니다. **virtual** 가상 기억의, (표면상은 그렇지않으나) 사실상의

☐ 네트워크 Network 방송망, 전송망, 통신망
  computer network 컴퓨터 네트워크 – 여러 대의 컴퓨터와 단말기 사이
  를 통신회선으로 연결한 컴퓨터의 이용형태
  TV network 텔레비전 방송망
  Telecommunication(s) Management Network 통신관리망 **TMN**

☐ 다운로드 Download 내려받기 – 컴퓨터 통신망을 통하여 파일을 복사해오는 것
  opp. **upload** 업로드 – 올려주기 – 사용자의 컴퓨터에 있는 파일을 인터넷
  이나 컴퓨터통신에 전송하거나 공개자료실(data library)에 등록하는 것

☐ 데이터 Data 자료, 정보 →process[retrieve] data 정보를 처리하다[검색하다]
  cf. **date** 데이트 이성과의 약속; 날짜 →the date of one's birth 생년월일

4 의류 & 화장품

☐ 넥타이 necktie →tie – 일반적으로 tie를 사용합니다.
  타이핀 tie pin →tie clip
☐ 나비넥타이 butterfly tie →bow tie
☐ 러닝셔츠 running shirts →sleeveless undershirts; tank top
☐ 무스탕 mustang →sheepskin coat **mustang** 야생마
☐ 바바리 burberry →trench coat
☐ 브라자 braza →bra; brassiere 브래지어; uplift
☐ 오바 over →overcoat
☐ 와이셔츠 Y – shirt →dress[white] shirt; shirt
☐ 원피스 one piece →one piece dress
  cf. 원피스 수영복 swimming suit

trench coat

Part 3
실용 영단어

일상생활에서 흔히 발견할 수 있는
현상이 우리말 대화 속에서 영단어를
자주 사용한다는 점입니다. 바로 이러한
점을 감안하여, 우리말처럼 사용하는
익숙한 영단어를 통해서 영어 어휘력을
향상할 수 있습니다. 우리가 잘 알고
있는 단어이므로, 친숙하고 쉽게 익힐
수 있습니다. 영단어 실력도 몰라보게
향상하고, 또 암기도 쉽게 잘 될 것입니다.

blog.naver.com/**languagebook**

Part 4
한국어식 영어

우리가 일상에서 무심코 사용하는
영어 단어 중에는 미국 현지인들이
전혀 알아듣지 못하는 표현도 있습니다.
한국에서만 통하는 한국어식 영어를
콩글리시(Konglish)라고 합니다.
이를 현지인이 실생활에서 사용하는
영단어와 대비시켜, 분야별로 소개했습니다.
이제 제대로 된 영단어를 학습하여,
올바로 사용하는 습관을 익혀 봅니다.

부록 & MP3

기본 영단어를 소개하는 부록과
본문 주요 표현을 원어민 발음으로 녹음한
MP3를 제공합니다.

Part 2 분야별 약어

Part 3 실용 영단어

Part 1
시사 상식 약어

국내총생산 GDP vs 국민총생산 GNP

➡ mp3.**01**

GDP는 **Gross Domestic Product**(국내총생산)의 약어입니다.
GNP에서 해외로부터의 순소득을 뺀 것으로, 한 국가의 국내
경제활동지표로 사용됩니다.
GNP는 **Gross National Product**(국민총생산)의 약어입니다.
한 나라의 **nation**(국민)이 국내외에서 일정기간 동안에 생산한
goods(재화)와 **service**(용역)을 **market value**(시장가치)
로 평가한 것입니다.

GDP는 **Gross Domestic Product**(국내총생산)의 약어입니다. **GNP**에서
해외로부터의 순소득을 뺀 것으로, 한 국가의 국내 경제활동지표로 사용됩니다.
우리나라에서 근무하는 **foreign workers**(외국인 근로자)의 생산도 이에 포함됩니다.
반면 외국에서 근무하는 우리나라 사람들의 생산은 이에 포함되지 않습니다.
흔히 경제규모를 나타낼 때는 **GDP**를 기준으로 잡습니다.

GNP는 **Gross National Product**(국민총생산)의 약어입니다.
한 나라의 **nation**(국민)이 국내외에서 일정기간 동안에 생산한
goods(재화)와 **service**(용역)를 **market value**
(시장가치)로 평가한 것입니다. 국가의 경제력을
나타내는 또 다른 **index**(지표)인데, 국내에서
근무하는 외국인 근로자의 생산은 포함되지
않지만 외국에서 근무하는 우리나라 사람의
생산은 포함됩니다.

GNP는 국제화 시대에 한 나라의 생산 경제규모를 측정하는데 **bottleneck**(장애)이 있을 수 있어 그다지 큰 의미를 갖지 못하고 있습니다. 예를 들어, 손흥민 선수의 연봉소득은 **GNP**로는 우리나라 소득에 속하지만, **GDP**로는 소득을 벌어들이는 소속국가에 속합니다.

gross는 '총계의, 전체의'라는 뜻으로 **total**과 같은 의미입니다. 골프에서는 '핸디캡을 빼지 않은 총스코어'를 의미하죠. 여기서 함께 비교 학습할 단어가 **net**인데요. 이것은 돈의 액수에 대해 '순'이라는 뜻입니다. 다음 예시 단어를 통해 확실히 이해해 볼까요?

> → **gross weight** 총중량
> → **net weight** (겉 포장을 뺀 순수한 내용물만의) 실 무게
> → **gross profit** 총수익
> → **net profit** 순이익
> → **gross income** 총수입, 총수령액
> → **net income** 순소득, 실수령액

national은 '국민의, 국가의'라는 뜻입니다. 대한민국 **the national flag**(국기)는 태극기, **the national flower**(국화)는 무궁화입니다. 다음 문장을 해석해 볼게요.

> → **The Rose of Sharon is regarded as the national flower of Korea.**
> 무궁화는 대한민국의 국화입니다.

nationalism(민족주의)은 **nation, race**(민족)에 근본을 둔 국가체제 건설이 목표입니다. 민족주의는 자국의 독립의식을 고취시키기도 하지만, 타민족에 대해 배타적으로 될 **possibility**(가능성)가 매우 높습니다.

imperialism(제국주의)은 보통 한 나라의
정치·경제적 지배권을 다른 민족이나 다른 국가로
확대하려는 정책을 말합니다. 이를 위해서 경제적 침탈뿐만
아니라 군사적 개입도 마다하지 않죠.
영국이 청나라를 상대로 일으킨 아편전쟁이 대표적인
example(예시)입니다.

colonialism(식민지주의)은 식민지 획득과 유지를
중요하게 여기는 정책으로, 제국주의와 비슷한 개념으로
쓰이기도 합니다. 2차 세계대전 이후에는 노골적인
방식이 아니라 간접적으로 식민지주의를 펼치는
tendency(경향)가 있었습니다. 예를 들어, 식민지의
지도층을 마음대로 움직일 수 있는 사람으로 만들어
간접적인 **rule**(지배, 통치)을 하는 것입니다.

domestic은 **foreign**(외국의)의 반의어
(**opposite word, antonym**)입니다.
가장 많이 쓰이는 뜻은 '국내의, 가정의'와
'(동물이) 길들여진, 사육되는'이고, 반의어는
wild(야생의)입니다.

다음 복합어로 확인해 볼까요?

→ **domestic goods** 국산품
→ **domestic affairs** 가사
→ **domestic quarrels** 가정불화
→ **domestic animals** 가축
  ↳ **wild animals** 야생동물

12

product는 '생산물, 제품'이란 뜻으로 많이 사용하는 단어입니다.
중요 파생어를 익혀 볼게요.

- ⟶ **production** 생산, 제조
  - ↔ **consumption** 소비
- ⟶ **productive** 생산적인, 비옥한, 기름진
- ⟶ **productivity** 생산성
- ⟶ **produce** 생산하다
  - ↔ **consume** 소비하다
- ⟶ **producer** 제조자, 생산자
  - ↔ **consumer** 소비자

복합어도 살펴볼게요.

- ⟶ **marine products** 해산물
- ⟶ **mass production** 대량생산
- ⟶ **production control** 생산관리
  - ↔ **consumption control** 소비관리

marine products(바다의 생산품)니까
'해산물'이겠죠? **mass**(대량)로
production(생산)하면 당연히
'대량생산'이 되고요. **production**을
control(관리, 통제)하는 것이
'생산관리'라면, **consumption**을
control하면 바로 '소비관리'입니다.

다음 문장을 해석해 볼게요.

→ **Productivity growth is strong, and unemployment is low.**
생산성 증가율은 높고 실업률은 낮다.

요즘 기업은 생산성 향상을 위해 **innovation**(혁신)에 중요성을 강조하는데요.
혁신에 대해서 잠시 알아보겠습니다. '혁신'이란 '이전과는 다르게 새롭고 좋은 변화를
가져온다'는 것을 뜻합니다. 그래서 요즘 선진기업들은 직원들에게 업무 외에 **creativity
time**(창조적 시간)을 따로 제공하거나 자유로운 **corporate cultures**(기업문화)를
만들 수 있는 묘책을 내놓는다고 합니다.

GNP, GDP와 함께 **GNI**도 알아 두면 좋아요.

GNI는 **Gross National Income**(국민총소득)의 약어입니다. 한 나라의 모든
경제 주체(가계, 기업, 정부 등)가 일정 기간에 생산한 총부가가치를 시장가치로
평가하여 합산한 소득지표를 말합니다. **income**은 '수입, 소득'이며, 지출에 해당하는
단어에는 **expense, outgo, outlay** 등이 있어요. 참고로 **yield**는 '생산량, 이익률,
수확량'이란 뜻으로 '**a large yield**'라고 하면 '풍년'입니다.

그럼 **income per capita**는 무슨 뜻일까요?
바로 '1인당 국민소득'입니다.

2 OEM 생산 방식

→ mp3.**02**

> **OEM**은 **Original Equipment Manufacturing**(주문자상표
> 부착생산)의 약어입니다. '**A**, **B** 회사가 **contract**(계약)를 맺고,
> **A**사가 **B**사에게 자사상품의 제조를 위탁하여 그 상품을 **A**사의
> 브랜드로 판매하는 생산방식'을 말합니다.

OEM은 **Original Equipment Manufacturing**(주문자상표 부착생산)의
약어입니다. '**A**, **B** 회사가 **contract**(계약)를 맺고, **A**사가 **B**사에게 자사상품의 제조를
위탁하여 그 상품을 **A**사의 브랜드로 판매하는 생산방식'을
말합니다. 생산기업 **B**는 상대방의 브랜드 판매력을 이용할
수 있고, **A**사는 생산설비가 필요 없어 **personnel**
expenses(인건비) 같은 **production cost**(생산비)를
줄이는 **effect**(효과)가 있습니다.

abbreviation(약어)을 사용할 때 어떤 단어로 구성된 약어인지 알아보지 않는
경우가 대부분입니다. 영어 공부는 특별한 방법이 없습니다. 특히 어휘력 향상의 지름길은
memory(암기)입니다. 아인슈타인은 "외웠는가?
그러면 따라 할 수 있을 것이다. 외우지 못했는가?
그러면 창조할 수 있을 것이다."라고 말했다고 합니다.
creativity(창의성)를 강조한 말이지만,
외국어 학습은 현지인과 똑같이 따라 할 수 있을
때 비로소 창의성이 솟아나게 됩니다.

original은 우리에게 친숙한 어휘입니다. '최초의(**initial**), 독창적인(**creative**)'
이라는 뜻이 있습니다. 예를 들면, 영화 〈**King Kong**(킹콩)〉은 이제까지 여러 번 영화로
만들어졌는데, 1933년도에 처음 영화로 만들어져 세상에 선을 보였습니다. 바로 이렇게
최초로 만든 영화를 **original film**이라고 하죠.

music industry(음악 산업)에서도 영화나 게임, 드라마에 새롭게
제작된 음악을 수록한 음반을 **original sound track**(OST,
맨 처음 만들어진 음반)이라고 해요.

그럼 **original**의 확장어를 살펴볼게요.

- ⇒ **original idea** 독창적인 생각
- ⇒ **origin** 기원, 출처(**source**) → **resource** 자원, 재원

- **originally** 원래, 독창적으로
- **originality** 독창력
- **originate** 시작하다, 비롯되다

equipment는 '장비(**facilities, conveniences, accommodations**), 비품(**fixtures, furnishing**), 준비'라는 뜻이며, 이 단어의 동사형 **equip**은 '장비를 갖추다, 준비하다'라는 뜻입니다.

manufacture는 명사로 쓰면 '제조, 제품', 동사로 쓰면 '제조하다'라는 뜻이고, '제조업자'는 **manufacturer**입니다. 활용 구문을 살펴볼게요.

- **of domestic manufacture** 국산의
- **of foreign manufacture** 외제의
- **American-made, of American make** 미국에서 제조한
- **American-made cars** 미국산 자동차

'제조하다, 만들다'는 **make, manufacture, produce, turn out**이고, 여기에 접두사 **re-(again)**가 붙으면 **remake**(고쳐 만들다), **reproduce**(재생하다, 복사하다)가 됩니다.

난
/remake
가수

생산 관련 용어도 알아볼게요.

- **production cost** 생산비
- **production control** 생산관리
- **manufacturing technique** 생산기술
- **production facilities** 생산설비
- **a goal of production** 생산목표

3 사회간접자본 SOC

➔ mp3.**03**

SOC는 **Social Overhead Capita**(사회간접자본)의
약어입니다. **SOC**란 생산활동에 직접적으로 사용되지는 않지만,
economic activity(경제활동)를 원활히 하기 위해 꼭 필요한
사회기반시설을 말합니다.

SOC는 **Social Overhead Capita**
(사회간접자본)의 약어입니다.
SOC란 생산활동에 직접적으로
사용되지는 않지만, **economic
activity**(경제활동)를 원활히
하기 위해 꼭 필요한 사회기반시설을
말합니다. 대표적인 예로 **road**(도로),
harbor(항만), **railroad**(철도) 등이
있습니다.

infra(인프라)는 **infrastructure**의 앞부분만을 따서 말하는 것으로 '사회기반시설'을
의미합니다. 이 기반시설은 생산활동에 직접 참여하지 않지만, 일상생활이나 생산활동의
가장 기초가 되는 공공재가 됩니다. 만약 도로나 항만 등이 안 갖춰져 있다면
traffic jam(교통체증)이나 물품을 **transportation**(운송)하는 데 문제가
발생합니다. 이것은 **production**(생산)과 **export**(수출)에 직접 타격을 주게 됩니다.
따라서 사회간접자본에 대한 투자는 매우 중요합니다. **SOC**의 수준은 곧 그 나라의
산업활동 가능성을 판단하는 척도가 되기 때문입니다.

SOC 투자는 그 규모가 매우 크고 사회 전반에 효과가 미치므로, **person**(개인)이나 **private enterprise**(사기업)에 의해서 이루어지지는 않습니다. 일반적으로 **government**(정부)나 **public institution**(공공기관)이 주도합니다.

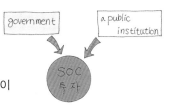

social이란 단어도 일상에서 많이 쓰죠. 기본적으로 '사회의, 사회에 관한'이란 의미이며, '사교적인'이란 뜻도 있습니다. 관련 복합어를 알아볼게요.

- ➔ **social problems** 사회 문제
- ➔ **social customs** 사회 관습
- ➔ **social reform** 사회 개혁
- ➔ **social security** 사회 보장
- ➔ **social position** 사회적 지위
- ➔ **social intercourse, social gathering** 사교

파생어도 살펴볼게요.

- ➔ **society** 사회, 사교, 협회(**association**)
- ➔ **socialization** 사회화
- ➔ **socialist** 사회주의자
- ➔ **socialism** 사회주의
- ➔ **capitalism** 자본주의
- ➔ **communism** 공산주의

capitalism(자본주의)은 이윤추구를 목적으로 하는 자본이 지배하는 경제체제를 말하죠. 반면에 **socialism**(사회주의)은 **the private property system**(사유재산제도)을 폐지하고 생산수단의 사회적 공유를 기본으로 하는 사회제도, 또는 그런 사회를 실현하려는 사상을 말합니다. 또 **communism**(공산주의)은

사유재산제도를 부정하고 공유재산제도를 실현해 빈부의 차를 없애는 사상이죠.

overhead 하면 바로 생각나는
단어가 있죠? 바로 '오버헤드 킥',
'머리 위의'라는 뜻에서 유래한 용어로
bicycle kick이라고도 합니다.
overhead는 TOEIC 같은 시험에서
중요하게 다루는 단어로, '일반경비, 총경비,
간접비'라는 의미로 사용됩니다.

예문 하나 볼게요.

> → **The executives are discussing company overhead.**
> 임원들은 회사의 총경비에 대해서 토의하고 있다.

capital은 명사로 '자본, 자산(**assets**), 수도, 대문자', 형용사로는 '자본의, 가장
중요한, 대문자의'라는 의미입니다.

경제 관련 용어를 몇 가지 살펴볼게요.

> → **cost** 비용
> → **capital and interest** 원금과 이자
> → **fixed capital** 고정자본
> → **floating capital** 유동자본
> → **working capital** 운영자본

그럼 **capital punishment**는 무엇을 말할까요? 바로 '사형'입니다.

여러분은 '인프라'라는 말을 많이 들을 텐데, **SOC**와 비교하여 기억하세요. 인프라는

20

infrastructure의 줄임말로
'하부구조'라는 뜻인데, 오늘날 경제활동의
기반을 형성하는 도로, 항만, 발전소, 전기,
상하수도 등 기간시설을 말합니다. 예를
들어, '**IT** 인프라 구축'이라고 하면 정보산업을
이끌어가는 데 꼭 필요한 광케이블, 초고속통신,
서버시스템 등을 갖추는 것을 의미합니다.

SOC와 **infra**는 거의 같은 의미로 쓰이는데, **SOC**가 **hardware**와 **software**
양쪽을 지칭하는 광의의 개념이라면, **infra**는 **hardware**만을 지칭하는 협의의
개념입니다.

우리가 자주 사용하는 **IT**는 **Information Technology**의
약어로 '정보기술산업'을 말합니다. **IT**와 비교하여,
BT는 **Bio Technology**(생명공학), **NT**는 **Nano
Technology**(반도체 미세가공기술)를 말합니다.

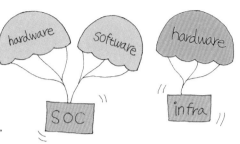

그럼 위에 나온 두 단어를 정리해 볼게요.

- → **information** 정보(**intelligence**), 안내
- → **information desk** 안내소
- → **information network** 정보망
- → **inform** 알리다, 통지하다
- → **informant** 정보원, 통보자
- → **informative** 교육적인, 유익한(**instructive**)
- → **technology** 과학기술
- → **technology transfer** 기술 이전

4 기업이미지 CI & 브랜드이미지 BI

➜ mp3.**04**

CI는 **Corporate Identity**(기업이미지 통합전략)의 약어입니다. 기업이 가지고 있는 이미지, 철학, 미래에 대한 비전 등을 시각적으로 체계화하여 기업이미지를 일관성 있게 통합관리하는 것을 말합니다. **BI**는 **Brand Identity**(브랜드이미지 통합전략)의 약어입니다. 자사 브랜드의 특성과 가치를 시각적으로 인지시켜 줌으로써 기업의 **reliability**(신뢰도)를 높여 상품의 구매로 연결시키는 것을 말합니다.

CI는 **Corporate Identity**(기업이미지 통합전략)의 약어입니다. '기업이 가지고 있는 이미지, 철학, 미래에 대한 비전 등을 시각적으로 체계화하여 기업의 브랜드 가치를 높이고 대내적으로는 합리적인 경영과 사원들의 **mind**(정신)를 함양하여 기업이미지를 일관성 있게 통합관리하는 것'을 말합니다.

BI는 **Brand Identity**(브랜드이미지 통합전략)의 약어입니다. '자사 제품의 시각 이미지를 통합하여 경쟁사와의 차별화를 통해 자사 브랜드의 특성과 가치를 시각적으로 인지시켜 줌으로써 기업의 **reliability**(신뢰도)를 높여 상품의 구매로 연결시키는 것'을 말합니다.

물건만 파는 시대는 이제 옛말이 되었죠. 세상은 브랜드를 상품화하는 시대로 바뀌고 있습니다. 소비자는 브랜드로 상품의 **quality**(질)를 판단하는 시대가 된 것이죠.

CI는 주로 **visual image**(시각적 이미지)로 표현할 수 있는 **logo**(로고)나 **symbol mark**(상징 마크)를 통해 나타냅니다. **CI**는 다른 기업과 차이점을 표현해야 하므로, **persistence**(지속성)와 **consistency**(일관성)를 유지해야 하며 **corporate culture**(기업문화), **management strategy**(경영 전략)와도 맞아야 합니다.

그럼 주요 단어부터 정리해 볼까요? **visual**은 '시각의'란 뜻이며, 참고로 '청각의'는 **aural**, **auditory**입니다. 신체 감각과 관련한 단어를 살펴볼게요.

- → **the sense of sight** 시각
- → **the sense of hearing** 청각
- → **the sense of smell** 후각

culture가 '문화'라는 의미 외에도, '교양, 재배, 배양'이란 뜻이 있습니다. 다음 복합어는 반드시 외워 주세요.

- → **teenage culture** 십대문화
- → **adult culture** 성인문화
- → **popular culture** 대중문화
- → **pearl culture** 진주 양식
- → **sterile culture** 무균 배양

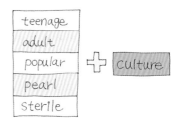

management는 '관리, 경영'이란 뜻으로, **manage**(관리하다)의 명사형입니다. 우리가 '지배인, 경영자'라는 뜻으로 사용하는 **manager**(매니저)도 같은 어원입니다.

CEO는 **Chief Executive Officer**(최고경영자)의 약어로 남다른 **leadership**(리더십)이 있어야 하며, 때로는 자상한 **management consultant**(경영 컨설턴트)가 되어야 하고, 주주들을 **persuasion**(설득)할 수 있도록 **management right**(경영권)를 장악해야 하며, 좋은 인재를 구하기 위해서 **personnel management**(인사 관리)와 **business management**(경영 관리)에도 탁월한 혜안이 있어야 해요.

strategy는 '전략'이란 뜻으로 군대에서 많이 쓰는 용어였으나, 현재는 경영 **part**(분야)에서도 많이 사용합니다. **strategy**의 복수형 **strategics**는 '병법'이라는 뜻입니다. 우리가 자주 사용하는 용어로 **strategy meeting**(전략회의), **investment strategy**(투자전략)가 있어요.

컴퓨터 게임 〈**Starcraft**(스타크래프트)〉를 '전략 시뮬레이션(**simulation**, 모의실험) 게임'이라고 하는데, **the enemy**(적군)와 **our arm**(아군)이 동시에 용병술을 행하여 승패를 가르는 컴퓨터 게임의 한 종류를 일컫는 말입니다. 하지만 정확한 명칭은 **Real-time Strategy Game**(실시간 전략게임)이죠. **commander**(지휘관)의 위치에서 특정한 **tactics**(용병술)를 구사하여 적을 함락시키는

구조입니다. 게임에 컴퓨터가 활용되면서 적군과 아군이 같은 시간에 실시간으로 움직이는 상황을 연출하는 것이 가능해지고, 전략게임이 더욱 실감 나는 형태로 **development**(발달)하게 됩니다.

corporate는 '법인의, 단결한(**united**)'이란 뜻이고, **corporation**은 회사 중에서도 '주식회사'를 말합니다. 우선 '회사'라는 뜻을 가진 단어를 정리하고 관련 약어를 살펴볼게요.

- → **company, firm, enterprise, corporation, concern** 회사
- → **Co.** (**Company**) 무한, 유한, 주식회사의 통칭
- → **Ltd.** (**Limited**) 유한책임회사(주로 영국에서 사용)
- → **Co., Ltd.** (**Company, Limited**) 유한 주식회사
- → **Inc.** (**Incorporated**) (미국의) 주식회사
- → **Co., Inc.** (**Company, Incorporated**) 유한책임 주식회사
- → **Corp.** (**Corporation**) 법인, (영국의) 주식회사

corporate와 형태가 비슷한 단어 **cooperate**는 '협력하다, 협동하다'라는 뜻으로 명사형은 **cooperation**(협력, 협동, 협동조합)입니다.

brand는 우리 생활에서 흔히 쓰는 단어입니다.
brand만 찾는 사람을 **brand mania**라고 하죠.
brand는 '상표(**trademark**)'라는 뜻으로,
brand name은 '상표명'입니다. **brand mania**는
trade name(상품명), **brand mark**(브랜드 마크),
datemark(제조일)를 확인한 후 쇼핑을 하더군요.
하지만 우리가 물건을 살 때는 **label**(라벨)을 꼼꼼히 살펴야 해요.
여기에 상품명, 성분, 규격, 제조 연월일, 제조업체 등이 표시돼 있어요.
이것을 잘 살펴야 훌륭한 쇼핑 마니아가 됩니다.

identity도 일상에서 자주 사용하는 단어로 사전적 의미는 '신원, 동일성, 독자성, 주체성'입니다. 관련 단어를 살펴볼게요.

- ⇰ **identify** 동일하다고 증명하다, 동일시하다
- ⇰ **identification** 동일함; 신분증명서
- ⇰ **identification card** (**ID card**) 신분증
- ⇰ **identical** 동일한, 같은

shopping(쇼핑)은 이제 우리 생활문화에서 중요한 **daily work**(일과)를 차지하죠. 쇼핑과 관련한 용어를 정리할게요.

- ⇰ **customer** 고객
- ⇰ **impulsive buying** 충동구매
- ⇰ **clearance sale** 떨이 판매
- ⇰ **off-price store, discount store** 할인점
- ⇰ **savings coupon** 할인쿠폰
- ⇰ **PB** (**Private Brand**) 유통업체 고유상표
- ⇰ **intermediate margin** 중간마진
- ⇰ **advertising cost** 광고비
- ⇰ **leaflet** 광고 전단
- ⇰ **item** 품목
- ⇰ **ingredient** 성분
- ⇰ **weight** 무게
- ⇰ **refill** 리필
- ⇰ **recycling** 재활용
- ⇰ **waste** 쓰레기

5 기업 전산화 ERP & 공급망 관리 SCM

→ mp3.**05**

ERP는 **Enterprise Resource Planning**(전사적 자원관리)의
약어입니다. 한마디로 기업 업무를 한눈에 파악하기 쉽게 전산화해
놓은 프로그램입니다.
SCM은 **Supply Chain Management**(공급망 관리)의
약어입니다. 시장에 신속하게 대처하기 위해 생산계획, 납품, 재고관리,
현금의 흐름 등에 대해 업체 간(**mutual cooperation**) 상호협력
하에 소비자의 실수요에 보다 잘 적응할 수 있도록 공급망을 최적화한
solution(해결책)입니다.

ERP는 **Enterprise Resource Planning**(전사적 자원관리)의 약어입니다.
한마디로 기업 업무를 한눈에 파악하기 쉽게 전산화해 놓은 프로그램입니다. 기업의
목표인 **maximization of profits**(이윤 극대화)와
customer satisfaction(고객 만족)을 위하여 기업의
주요 업무인 **purchase**(구매), **production**(생산),
sale(판매), **personnel**(인사), **accounting**(회계)
등을 하나의 체계로 통합하여 **information**(정보)을
서로 공유함으로써 빠른 업무 처리가 되도록
도와주는 정보화 시스템을 말합니다. 이러한 것이
원활하게 진행되도록 **backup**(**support** 지원)하는
software package를 **ERP Package**라고 합니다.

예를 들어, 사용자가 **ERP** 프로그램의 자재관리 모듈에 접속하여 어떤 자재가 얼마나

남았는지를 **search**(검색)하고 부족한 **material**(자재)은 구매를 요청할 수 있습니다. 그러면 구매부서에서는 프로그램상에 요청된 **list**(목록)를 확인하여, **business connections**(거래업체)에 온라인으로 목록을 발송합니다.

enterprise는 '기업, 기획', **enterprising**은 '진취적인'이란 뜻입니다. 기업의 여러 종류를 살펴볼게요.

- **private enterprise** 민간기업
- **national enterprise** 국영기업
- **small and medium enterprise** 중소기업
- **insolvent enterprise** 부실기업
- **insolvent** 지불능력이 없는
  - **solvent** 지불능력이 있는

rationalization of enterprise(기업 합리화)와 **improvement of industrial structure**(기업 구조개선)에 실패하면 **insolvent enterprise**(부실기업)가 되는데, 기업 환경 변화와 관련하여 단어 뒤에 **-zation**이 붙으면 '~화'라는 뜻이 됩니다.

예시 단어를 살펴볼게요.

- **rationalization** 합리화
- **globalization** 세계화
- **localization** 현지화
- **industrialization** 산업화, 공업화
- **democratization** 민주화

단어를 확장해서 더 살펴볼게요.

- ➜ **rationalization** (산업의) 합리화
- ➜ **rational** 합리적인
- ➜ **rationalist** 합리주의자
- ➜ **rationalism** 합리주의
- ➜ **utilitarian** 실용주의자
- ➜ **utilitarianism** 실용주의
- ➜ **improvement** 개선, 향상
- ➜ **improve** 개선하다, 개량하다
- ➜ **improvement in health** 건강증진
- ➜ **improving one's physical constitution** 체질개선

improvement
in health

resource는 '자원, 재원'이란 뜻입니다.

planning은 단어 **plan**(계획하다)에서 나온 것으로
'기획, 입안'이란 뜻으로 널리 쓰입니다.
plan은 일상에서 많이 쓰는 단어입니다.
건강을 생각해서 새해부터 운동을 시작하거나
alcohol(술)과 **cigarette**(담배)를 끊겠다
다짐하는 것도 **life planning**(생활설계)이지요.

life planning
• 금주
• 금연

내일부터
···

오늘부터
하지 그래?

SCM은 **Supply Chain Management**(공급망 관리)의 약어입니다.
uncertainty(불확실성)가 큰 시장 상황에 신속하게 대처하기 위해 생산계획, 납품,
재고관리, 현금의 흐름 등에 대해 업체 간(**mutual cooperation**) 상호협력 하에
불필요한 **time**(시간)과 **cost**(비용)를 제거하여, 소비자의 실수요에 보다 잘 적응할
수 있도록 공급망을 최적화하여 경영효율성을 높이는 관리 **solution**(해결책)을
말합니다. 여기서 **solution**은 사업상 문제를 해결하기 위한 도구를 포괄적으로 일컫는
말이죠. 인터넷 비즈니스 업무를 원활하게 하기 위한 프로그램을 말하기도 합니다.

검색, 카페, 웹 메일, 블로그 등을 따로 처리하지 않고 전체적으로 처리할 경우를 **total solution**(토털솔루션)이라고 합니다. 일부 **application**(응용 프로그램)은 기업 내부와 공급자, 고객 등이 데이터를 공유할 수 있도록 지원하고 있어요.

그럼 관련 단어를 살펴볼게요.

- **supply** 공급, 공급품, 공급하다
- **supplier** 공급자, 납품업체
- **supply and demand** 수요와 공급
- **office supplies** 사무용품
- **chain** 쇠사슬, 속박(**bonds**), 체인점
- **chain reaction** 연쇄반응
- **chain store** 연쇄점
- **chain smoker** 골초
- **solution** 해법, 용액
- **solve** 풀다, 해결하다
- **application** 적용, 응용, 사용(**use**), 지원, 신청, 응용프로그램

6 경제협력개발기구 OECD

→ mp3.**06**

> **OECD**는 **Organization for Economic Cooperation and Development**(경제협력개발기구)의 약어입니다. 1961년 9월에 창설된 국제경제기구로 **market economy**(시장경제)와 **democracy**(민주주의)라는 가치관을 공유하는 국가 간 경제·사회 정책협의체입니다.

OECD는 **Organization for Economic Cooperation and Development** (경제협력개발기구)의 약어입니다. 1961년 9월에 창설된 국제경제기구로 **market economy**(시장경제)와 **democracy**(민주주의)라는 가치관을 공유하는 국가 간 경제·사회 정책협의체로, 경제·사회 부문별 공통 문제에 대해 최선의 정책방향을 모색하고 상호 정책을 조정함으로써 공동의 **stabilization**(안정)과 **prosperity**(번영)를 도모합니다. 본부는 프랑스 파리에 있습니다.

정책방향은 고도의 **economic growth**(경제성장)와 **full employment**(완전고용)를 추진하여 **elevation of the standard of living** (생활수준의 향상)을 도모하며, 다각적이고 무차별한 무역경제체제를 마련하기 위해 노력하고, **underdeveloped area**(저개발 지역)에 개발원조를 촉진하는 것으로 요약할 수 있습니다. 우리나라는 1996년 12월 회원으로 가입하였죠.

organization은 '조직, 단체'라는 뜻입니다. 이 단어를 활용한 복합어를 살펴볼게요.

- ⇒ **organization chart** 회사 조직도
- ⇒ **nonprofit organization** 비영리단체

economic은 '경제의, 경제상의'입니다. 파생어와 관련 단어를 살펴볼게요.

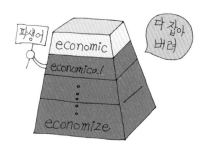

- ⇒ **economical** 절약하는, 경제적인
- ⇒ **economy** 경제
- ⇒ **economics** 경제학
- ⇒ **economist** 경제학자
- ⇒ **economize** 낭비하지 않다, 절약하다
- ⇒ **social** 사회적인 / **society** 사회
- ⇒ **cultural** 문화적인 / **culture** 문화
- ⇒ **educational** 교육적인 / **education** 교육
- ⇒ **ethical** 윤리적인 / **ethic** 윤리

cooperation은 '협력, 협동'이란 뜻으로
동사 **cooperate**(협력하다)에서 나왔습니다.
operation(작용, 작전)에 접두사 **co-**(← com,
together 서로, 함께)가 결합되어 '협력, 협동'이란
뜻이 되었습니다.

- ⇒ **operation** 운전, 수술, 실시
- ⇒ **operator** (기계) 조작자

접두사 **com-**은 '**with, together**(함께)'의 뜻을 가져요. 관련 단어를 살펴볼게요.

- **compete** 경쟁하다
- **competition** 경쟁
- **compact** 소형의, 촘촘한
- **commentary** 주석, 논평
- **comment** 비평, 해설
- **commotion** 격동, 혼란, 동요
- **compunction** 양심의 가책

development는 '발달, 개발'이란 뜻으로 동사형은 **develop**(발달시키다, 개발하다, 사진을 현상하다)입니다. 비교해서 확인할 단어로 **envelop**(**wrap** 싸다, 봉하다)이 있습니다. 이 단어의 명사형 **envelope**은 '봉투, 싸는 것'이란 뜻입니다.

예시 단어를 몇 개 볼게요.

- **physical and mental development** 심신의 발달
- **limited development district** 개발제한구역
- **return envelope** 반신용 봉투

7 자유무역협정 FTA & 세계무역기구 WTO

FTA는 **Free Trade Agreement**(자유무역협정)의 약어입니다.
특정 국가 간에 자유로운 상품 이동을 위해 **tariff**(관세)와 같은
trade barrier(무역장벽)를 없애고 무역을 촉진하는 것이
목적입니다.
WTO는 **World Trade Organization**(세계무역기구)의
약어입니다. 국제무역 규정을 총괄하는 기구로 무역분쟁 조정,
관세인하 요구, **dumping**(덤핑) 규제 등에 관한 권한과 구속력을
가집니다.

FTA는 **Free Trade Agreement**(자유무역협정)의 약어입니다. 특정 국가 간에
자유로운 상품 이동을 위해 **tariff**(관세)와 같은 **trade barrier**(무역장벽)를 없애고
무역을 촉진하는 것이 목적입니다. **market**(시장) 논리에 절대적 권위를 부여하고
있는 셈이죠. 어떻게 생각하면 좋을 것 같지만, 경제적 우위가 명백한 국가 간 **trade
liberalization**(무역자유화)은 약소국에 1, 2차 산업 붕괴와 노동시장의 양극화, 산업
간 격차 확대 등을 발생시켜 심각한 경제적 홍역을 치르게 할 수도 있습니다.

WTO는 **World Trade Organization**(세계무역기구)의 약어입니다. 국제무역
규정을 총괄하는 기구로 무역분쟁 조정, 관세인하 요구, **dumping**(덤핑) 규제
등에 관한 권한과 구속력을 가집니다. 경제 선진국들은 환경 규제에 소극적인 국가의
product(제품)를 **discrimination**(차별)적으로 취급해야 한다는 것과 **low
wages**(저임금) 및 노동조건에 관한 규정을 국가가 두어야 한다는 주장을 하고
있는데, 이에 대해 개발도상국들이 반발하고 있어 노동환경 문제와 같은 **pending**

question(현안)이 여전히 갈등의 불씨로 남아 있습니다.

free 하면 가장 먼저 떠오르는 뜻이
'자유로운'이고, 두 번째는 '한가한'입니다.
반의어는 **busy**(바쁜)이고요.
free가 '솔직한'이란 뜻도 있어,
frank와 **straightforward**의
동의어로도 쓰입니다.
단어를 한번 더 정리하면서 복합어도
살펴볼게요.

> → **free** 자유로운, 한가한, 바쁜, 솔직한(**frank**, **straightforward**)
> → **free economy** 자유경제
> → **free competition** 자유경쟁

단어 **free**의 명사형 **freedom**은 우리가
추구하는 말이지요. 자유(**liberty**)라는
뜻으로 이것만큼 소중한 것도 없어요.
하지만 자유가 너무 지나치면 **indulgence**
(**license** 방종)가 된다는 사실을 명심하세요.
'**freedom of speech and publication**'은
무슨 뜻일까요? 바로 '언론 출판의 자유'입니다.
참고로 일정한 소속이 없이 자유 계약으로 일하는 사람을 뜻하는 '프리랜서'의
spelling(철자)은 **freelance**입니다.

'자유'란 남에게 얽매이거나 강제, 속박을 받지 않고 자기 의사대로 행동하는 것을
말합니다. **travel**(**trip**, **journey**, **tour** 여행)을 떠나 자유를 맛본다고 하죠.
Constitution(헌법)에서는 여러 가지 사항에 관하여 **personal liberty**(개인의
자유)를 보장하는데, 이것도 국가나 타인에 의한 부당한 간섭을 배제한다는 뜻에서

강제, 속박으로부터의 자유라고 볼 수 있습니다. 여기서 자유는 **negative**(소극적인) '~로부터의 자유'가 아니고 **positive**(적극적인) '~로의 자유'를 의미합니다.

여행 관련 단어를 살펴볼게요.

- ➜ **tourism** 관광사업, 관광여행
- ➜ **tour** 여행, 순회공연
- ➜ **tourist** 관광객, 여행자
- ➜ **a European tour** 유럽 여행
- ➜ **a foreign tour** 해외여행

또 '자유'는 법의 테두리인 **social norm**(사회 규범)과 **rule**(규율) 안에서 행동하는 것입니다. 반면 '방종'은 사회 규범과 규율을 무시하고 무절제하게 제멋대로 하는 행위입니다.

자유는 사회 규범 내에서 상대방에게 피해를 끼치지 않고 자기가 원하는 삶을 사는 것이며, 방종은 다른 사람에게 피해를 주고 사회 규범에 따르지 않는 **behavior**(**conduct** 행동)하는 것이라고 볼 수 있습니다.

trade는 우리가 흔히 '트레이드'라고 말하는 단어예요. '무역, 교역(**commerce**), 거래'를 뜻하며 프로선수들의 트레이드에도 자주 사용됩니다. **trade**가 직업(**job**, **occupation**)이라는 의미로도 쓰이고, **trademark**는 상표(**brand**)를 뜻한다는 것도 알아 두세요. 예시 단어를 살펴볼게요.

- **domestic trade** 국내 무역
- **foreign trade** 해외 무역

agreement는 '의견 일치, 합의', 그리고 '협정, 계약'이라는 의미로 사용됩니다. 활용어구를 살펴볼게요. 중요하게 사용되는 어구이므로 꼭 기억하세요.

- **arrive at an agreement** 협정이 성립하다
- **come to an agreement** 합의에 도달하다
- **agree** 의견이 일치하다, 동의하다
- **agreeable** 기분 좋은, 상냥한, 마음에 드는
- **agreeably** 기분 좋게(**pleasingly**)
- **agreement** 협정
- **treaty** 조약
- **joint declaration** 공동 선언

organization은 '단체, 조직, 구성'이라는 의미입니다. 관련 단어를 살펴볼게요.

- **organize** 조직하다, 편성하다(**systematize**)
- **WTO** (**World Tourism Organization**) 세계관광기구
- **WHO** (**World Health Organization**) 세계보건기구
- **WFP** (**World Food Organization**) 세계식량계획기구
- **PLO** (**Palestine Liberation Organization**) 팔레스타인해방기구
- **association** 협회, 단체, 연합, 제휴
- **associate** 연합하다, 연상하다

그럼 지역별 경제블록과 경제협력체를 정리할게요.

- **APEC** (**Asia-Pacific Economic Cooperation**)
  아시아—태평양 경제협력체
- **ASEM** (**Asia-Europe Meeting**) 아시아—유럽정상회의
- **ASEAN** (**Association of Southeast Asian Nations**) 동남아국가연합
- **EU** (**European Union**) 유럽연합
- **NAFTA** (**North American Free Trade Agreement**)
  북미자유무역협정
- **WEF** (**World Economic Forum**) 세계경제포럼

8 기업인수합병 M&A

➡ mp3.**08**

M&A는 **Merger and Acquisition**(기업인수합병)의 약어입니다. 두 개 이상의 기업이 합병하거나 한 기업이 다른 기업의 **stock**(주식), **asset**(자산) 등을 취득하여 **management right**(경영권)를 인수하는 것을 말합니다.

M&A는 **Merger and Acquisition**(기업인수합병)의 약어입니다. 기술혁신 **strategy**(전략), 투자비용절감 전략, 기업다각화 전략의 일환으로 두 개 이상의 기업이 합병하거나 한 기업이 다른 기업의 **stock**(주식), **asset**(자산) 등을 취득하여 **management right**(경영권)를 인수하는 것을 말합니다.

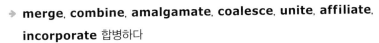

merger는 '합병'이란 뜻으로, 동사 **merge** (합치다)에서 나온 단어입니다. 비교해서 암기할 단어를 정리할게요.

➡ **merge, combine, amalgamate, coalesce, unite, affiliate, incorporate** 합병하다

➡ **merger, combination, amalgamation, coalition, union affiliation** 합병

➡ **fusion** (정당의) 합병

➡ **annexation** (영토의) 합병

➡ **incorporation** 합체, 합동

- **emerge** 나타나다
- **emergence** 출현, 유전 돌연변이
- **emergency** 비상사태, 위급; 비상용의, 긴급한
- **emergency call** 비상소집
- **reemerge** 다시 나타나다
- **reemergence** 재출현
- **submerge** 가라앉히다
- **submergence** 잠수, 침몰

acquisition은 '획득, 습득'이란 뜻입니다.
acquisition of knowledge(지식의 습득)를
기억해 주세요. 관련 파생어를 살펴볼게요.

- **acquire** 획득하다, 습득하다
- **acquired** 획득한, 후천적인
  - **innate** 타고난
- **acquirement** 취득, 획득, 학식

지금부터는 **M&A**와 관련이 있는 **management**(경영)와 **banking**(은행 업무)에
관해 소설식으로 정리해 보겠습니다.

구보 씨가 다니는 회사 **president**(사장)의
management philosophy(경영 철학)는
'우리는 모두 한 가족'이었다. **salary**(**pay, wage**
월급)도 나쁘지 않았다. 처음에는 **dining room**
(구내식당)에서 나오는 **boiled rice**(밥)와
side dishes(반찬)도 늘 맛있게 잘 나왔다.
vice-president(부사장)도 사장과 의견을 주고 받으며
management policy(경영방침)를 만들어 회사를 꾸려

나갔다. 하지만 회사 사정이 계속 안 좋아졌다. 사장은 **belt-tightening
management**(감량 경영)를 한다고 **official announcement**(공표)했다.
회사 **office equipment**(사무용품)도 사비로 사야할 지경에 이르렀다.
그리고 사장은 **seniority system**(연공서열제도)을 말하며 몇 명의 사원에게
pink slip(해고통지서)을 통보했다. 그들은 모두 월급을 많이 받는 간부급이었다.
part-time employment(임시직)를 채용하고, 기존 사원의 임금을
freezing of wages(동결)시켰다. 구보 씨는 점점 출근하기(**going to
the office**)가 힘들어졌고,
resignation(사표)을 내기로
determination(결심)을 했다.
구보 씨의 입장에서 아직
age-limit(정년)이 한참 남았지만
early retirement(조기퇴직)한
셈이 되었다. 결국 회사는 얼마 안 가
bankruptcy(파산)했다.

그럼 은행 관련 단어를 몇 개만 알아볼까요?

EB는 **Electronic Banking**(전자금융)의 약어입니다. 금융기관이 컴퓨터나 첨단기술을 이용해서 금융상품이나 서비스를 제공하는 것으로 기업체를 위한 **firm banking**(컴퓨터 시스템을 이용하여 은행이 기업에 제공하는 자금관리 서비스의 총칭)과 개인을 위한 **home banking**(개인고객이 **PC**를 통해 은행의 전산시스템에 접속하여 거래를 하는 것)이 있습니다.

PB는 **Private Banking**(프라이빗 뱅킹)의 약어입니다. '은행이 돈 많은 고객에게 예금관리부터 재테크에 이르기까지 모든 서비스, 다시 말해 일단 고객이 돈을 맡겨 두면 은행 설계사가 포트폴리오를 짜 주고, 투자처를 알려주고, 자산관리를 해 주거나 도움을 주는 등의 별도 서비스를 제공해 주는 것'을 말합니다.

9 경기지수 BSI & 물가지수 CPI

→ mp3.**09**

BSI는 **Business Survey Index**(기업경기실사지수)의
약어입니다. 기업체가 느끼는 체감경기를 나타내는 지수입니다.
CPI는 **Consumer Price Index**(소비자물가지수)의
약어입니다. 소비자가 구입하는 상품이나 서비스의 가격변동을
나타내는 지수를 말합니다.

BSI는 **Business Survey Index**(기업경기실사지수)의
약어입니다. 기업체가 느끼는 체감경기를 나타내는
지수로 주요 업종의 **trend of economic
performance**(경기동향)를 파악하여
management planning(경영 계획) 및 경기
변화에 따른 **countermeasure**(대응책)에
필요한 기초 자료로 이용하기 위한 **index**
(**barometer** 지표)입니다. 100을 기준으로 하여 100 이하면 경기호전을 예측하는
기업보다 경기악화를 예측하는 기업이 많음을 나타내고, 100 이상이면 그 반대를
나타냅니다.

현재를 살아가는 우리는 경기에 민감할 수밖에 없습니다.
경기가 좋아야 회사가 잘 돌아가고, 그러면 회사가
engagement(**recruit** 채용)를 많이 하게 됩니다.

business는 우리말처럼 친숙한 단어로
'사무, 직무, 책무(**task**, **duty**, **function**),
볼일, 용건, 직업(**profession**, **trade**),
장사, 업무' 등 많은 뜻이 있습니다.
사업상 사람들을 처음 만날 때는 **business card**
(명함)를 내밀어 자신을 상대에게 소개해야 합니다.

재테크에 관심이 있다면 시시각각 변동하는 **business cycle**(경기순환)을 잘 살펴야
하며, 언제 어느 때 변할지 모르는 **business fluctuation**(경기변동)에 한눈팔지
말고 예의 주시해야 합니다. 이외에도 **business letter**(상용 편지)는 일상생활에서
많이 사용하는 복합어이므로 꼭 외워 두세요. **businessman**(사업가)이 되려면
types of business(업종) 정도는 알아야 합니다.

- **manufacturing business** 제조업
- **retail business** 소매업
- **wholesale business** 도매업
- **banking business** 은행업
- **construction business** 건설업
- **hotel business** 호텔업
- **gardening business** 원예업

survey는 명사로 '조사, 설문조사, 여론조사, 개관, 측량', 동사로 '조사하다,
내려다보다'라는 뜻입니다. 파생어 **surveyor**는 '검사관, 조사관(**inspector**)'입니다.
그럼 어떤 조사들이 있을까요?

- **traffic survey** 교통량 조사
- **business survey** 경기동향 조사
- **morale survey** 종업원 근로의욕 조사
- **field survey** 현장 조사

index는 '지수, 지표, 색인'이라는 뜻이 있습니다. 우리가 사는 세상은 index의 세상이라고 해도 결코 과장된 표현은 아니에요. 한번 살펴볼까요?

market(시장)에 가 보면 당장에 price index (물가지수)가 피부에 와닿을 겁니다. 그런 걸 sensory index(체감지수)라고 하죠. 그리고 investment in stocks(주식투자)에 관심이 많은 분들은 아침에 눈뜨자마자 가장 먼저 살피는 것이 composite price index (종합주가지수)일 겁니다. 지수가 하락하면 discomfort index(불쾌지수)가 올라가겠죠?

CPI는 Consumer Price Index(소비자물가지수)의 약어입니다. 소비자가 구입하는 상품이나 서비스의 가격변동을 나타내는 지수를 말합니다. 이것과 비교하여 Price Index(PI 물가지수), Producer Price Index(PPI 생산자물가지수), Diffusion Index(DI 경기동향지수, 경기확산지수)라고 합니다. CPI는 Transparency International(국제투명성기구)이 발표하는 Corruption Perceptions Index(부패인식 지수)의 약어이기도 합니다.

위에 나오는 주요 단어를 정리해 볼까요?

- ➤ **consumer** 소비자
  - ↪ **producer** 생산자
- ➤ **consume** 소비하다
  - ↪ **produce** 생산하다
- ➤ **consumption** 소비
  - ↪ **production** 생산
- ➤ **consumer goods** 소비재
  - ↪ **producer goods** 생산재

- **consumer resistance** 소비자 저항
- **corruption** (도덕적) 부패, 뇌물수수(**bribery**)
- **corrupt** 부패하다, 타락시키다; 오염된(**tainted**), 타락한
- **perception** 인지, 지각; 직감, 직관
- **perceptible** 지각할 수 있는, 알아챌 만한
- **perceive** 감지하다, 알아채다
- **transparency** 투명,
  투명도(**transparence**)
- **transparent** 투명한, 비쳐 보이는
  - **opaque** 불투명한

10 코스닥 KOSDAQ & 나스닥 NASDAQ

→ mp3.**10**

> KOSDAQ은 **Korea Securities Dealers Automated Quotations**(코스닥, 한국 장외주식시장)의 약어입니다.
> NASDAQ은 **National Association of Securities Dealers Automated Quotations**(나스닥, 미국 장외주식시장)의 약어입니다. 전미증권협회(**NASD**)가 운영하는 벤처, 중소기업들의 거래정보시스템 및 미국 장외주식시장을 말합니다.

KOSDAQ은 **Korea Securities Dealers Automated Quotations**(코스닥, 한국 장외주식시장)의 약어입니다. 또 우리나라에는 **stock market**(유가증권 시장), **KOSDAQ market**(코스닥 시장), **futures market**(선물 시장), 세 개 시장을 통합해서 설립한 **KRX**(**Korea Exchange**, 한국증권선물거래소)가 있습니다.

NASDAQ은 **National Association of Securities Dealers Automated Quotations**(나스닥, 미국 장외주식시장)의 약어입니다. 전미증권협회(**NASD**)가 운영하는 벤처, 중소기업들의 거래정보시스템 및 미국 장외주식시장을 말합니다. 주문을 컴퓨터로 처리하여 매매를 성립시키고 거래정보와 시세표를 자동 통보하는 시스템으로, '나스닥 지수'란 '나스닥 시장의 종합주가지수수'를 말합니다.

유럽에는 **EASDAQ**(이스닥, **European Association of Securities Dealers Automated Quotations** 유럽 장외주식시장)이 있습니다.

위에 나오는 주요 단어를 정리할게요.

- **security** 안전, 보증, 경비, 유가증권
- **secure** 안전한, 안정된, 확실한
- **secure job with good pay**
  보수가 좋은 안정된 직업
- **national** 국가의, 국가적인
- **the national flag** 국기
- **the national anthem** 국가
- **nationality** 국적
- **association** 협회, 연합, 교제
- **associate** 연상하다, 연합시키다, 교제하다
- **associated** 연합한
- **dealer** 상인, 판매업자, 도박장의 종업원
- **deal** 나누어 주다, 상품을 분배하다, 상품을 취급하다
- **automated** 자동화된
- **automate** 자동화하다
- **automatic** 자동의, 자동조작의
- **automation** 자동화, 자동조작

quotation은 '인용'이라는 뜻으로 많이 쓰입니다.
이 단어가 경제적 의미로 쓰일 때는 '시세(표), 견적(액)'이란
뜻입니다. 다음 표현을 알아 두세요.

- **the current quotation** 현재 시세
- **double quotation marks** 큰따옴표

future는 '미래, 장래, 장래성, 미래시제'라는 의미가 있는데, 복수 **futures**로 쓰면 뜻이 확 달라져 '선물 계약, 선물 거래'가 됩니다. 여기서 '선물'은 **gift**가 아니고, '장래 일정한 시기에 현품을 주고받기로 하고 매매계약을 하는 것'을 말합니다.

지금부터는 뉴스 방송에서 증권시세를 말할 때 등장하는 주요 주가지수에 대해 알려 드리겠습니다.

→ **Dow Jones Industrial Average** (다우존스 공업평균지수)
미국의 다우존스(**Dow Jones**)사가 뉴욕증권시장에 상장된 우량기업주식 30개 종목을 표본으로 시장가격을 평균하여 산출하는 세계적인 주가지수입니다. 미국 증권시장의 동향과 시세를 알 수 있죠.

→ **Standard & Poor's 500 Index** (S&P 500 지수)
미국의 스탠더드앤푸어(**Standard & Poor**)사가 기업규모, 유동성, 산업 대표성을 고려해 선정한 보통주 500 종목을 대상으로 작성하여 발표하는 주가지수로 미국에서 가장 많이 활용되는 지수입니다.

→ **Morgan Stanley Capital International Index** (MSCI 지수)
미국의 모건스탠리캐피털인터내셔널(**Morgan Stanley Capital International**)사가 작성해서 발표하는 세계 주가지수입니다. 전 세계를 대상으로 투자하는 대형펀드 운용의 주요 기준으로 사용됩니다.

→ **KOSPI 200** (코스피 200)
KOSPI는 **Korea Composite Stock Price Index** (한국 종합주가지수)의 약어입니다.

코스피에서 시장대표성, 거래가 활발한 종목 유동성 업종대표성 등을 고려하여
증시를 대표하는 종목 200개로 만든 코스피입니다.

→ **NIKKEI Index** (닛케이 지수)
NIKKEI Stock Average Index는
도쿄 주식시장 1부에 상장된 주식 중상위 225개
일본기업의 가격가중평균에 의해 산출된 지수로,
NIKKEI 225는 우리나라 **KOSPI 200**에
대비되는 개념입니다.

주식 용어 두 개 더 알아볼게요.

circuit breaker(서킷브레이커)를 들어본 적 있나요?
'회로차단기'도 맞지만, 주식시장에서는 '주가의 등락폭이
갑자기 커질 경우 시장에 미치는 영향을 완화하기
위해 주식매매를 일시 정지'하는 제도입니다.
투자자들에게 잠시 숨 돌릴 틈을 줘 다시 매매에
참가하라는 취지가 담겨 있습니다.

disclosure(공시)는 무엇일까요? '해당기업의
주식배당, 계약체결, 영업실적 등에 관한 정보를
주식투자자들이 참고로 할 수 있도록 알려 주는 것'을 말합니다. 기준은 증권거래법에서
정하고 있는데, 만약 공시의무를 불성실하게 해서 불성실 공시 법인으로 지정되어 벌점이
일정단계에 이르면 증권거래소로부터 매매거래정지, 관리종목지정 또는 상장폐지조치
등을 당할 수도 있습니다.

11

광속상거래시스템 CALS

→ mp3.**11**

CALS는 **Commerce At Light Speed**(광속상거래)의
약어입니다. 일명 '칼스', '초고속 경영통합시스템'이라고 합니다.
상품 생산에서 최종 구매자의 사용에 이르기까지, 제품의 전
life cycle(라이프사이클, 수명)에 대한 정보를 인터넷이나
초고속통신망에 연계하여 디지털화한 통합물류생산시스템을 말합니다.

CALS는 **Commerce At Light Speed**(광속상거래)의 약어입니다. 일명 '칼스',
'초고속 경영통합시스템'이라고 합니다. **CALS**는 미국 국방성의 컴퓨터를 이용한 조달 및
후방보급지원(**Computer-aided Acquisition and Logistics**) 프로젝트에서
시작된 것입니다. 상품 생산에서 최종 구매자의 사용에 이르기까지,
제품의 전 **life cycle**(라이프사이클, 수명)에 대한 정보를
인터넷이나 초고속통신망에 연계하여 디지털화한
통합물류생산시스템을 말합니다. **CALS**를 구현하는
데는 데이터를 **transfer**(전송)할 수 있는
고속네트워크와 이를 구축하는 기술이 필수적으로
요구됩니다.

CALS의 목적은 정부부처의 관련 기관과 기업의 공동데이터를 **efficiency**(효율)
적으로 이용하고, 전 **process**(공정)를 표준에 맞추어 진행하여, 고품질의 물자를 신속,
저렴하게 획득하는 데에 있습니다. **buzzword**(전문용어)라 조금은 어려울 듯합니다.
일상에서 사용하는 단어는 아니지만 앞으로 자주 듣게 될 용어이므로 기억해야 합니다.

commerce는 기본적으로 '상업'이란 뜻과 '무역(**trade**)'이란 의미가 있습니다. 관련 단어와 파생어를 살펴볼게요.

- **center of commerce** 상업 중심지
- **electronic commerce** 전자상거래
- **commercial** 상업의, 영리를 위한; 광고, 방송
- **commercial transaction** 상거래
- **transaction** 처리, 거래, 업무
- **television commercial** 텔레비전 광고

위 단어 **transfer**에서 '**across**(가로질러), **beyond**(초과하여)'라는 의미가 있는 접두사 **trans-**가 쓰였네요. 관련 단어를 한번 정리해 볼게요.

- **transfer** 옮기다, 전학시키다, 갈아타다, 양도하다; 이전, 이동, 환승
- **transform** 변형시키다
- **transgress** 법을 어기다, 위반하다(**break**, **violate**, **infringe**)
- **translate** 번역하다, 해석하다(**interpret**)
- **transmit** 발송하다, 전하다
- **transcend** 한계를 초월하다(**exceed**), ~을 능가하다
- **transpire** 발산시키다(**emit**, **give off**)
- **transcribe** 베끼다, 복사하다(**copy**)
- **transplantation** 이식
- **cardiac transplantation** 심장 이식
- **cornea transplantation** 각막 이식

우리가 자주 듣는 '전자상거래'는 영어로 **electronic commerce**라고 하는데, 이것은 **E-business**의 일종으로 여기에는 **B2C**, **B2B** 방식이 있습니다. **B2C**는 **Business to Commerce**로 기업과 고객의 상거래를, **B2B**는 **Business to Business**로 기업과 기업의 상거래를 말합니다.

light는 명사로 '빛, 불', 형용사로 '가벼운, 경미한'이라는 뜻입니다. 반의어로 **heavy**(무거운)가 있습니다. 간단한 내용을 통해 관련 단어를 익혀 볼까요?

가정에서 형광등을 많이 사용하지만,
front door(현관)나
toilet(**rest room** 화장실)에
light bulb(전구)를 쓰는 경우도
있어요. **crosswalk**(횡단보도)나
intersection(교차로)에서
traffic light(신호등)가 도로의 질서와
안전을 지켜줍니다. 빨간 불이 들어와서

브레이크를 밟으면 **brake light**(자동차 브레이크 등)가 켜지며 뒤따라오는 자동차에게 안전거리 확보를 알려주죠. 또 날이 어두우면 **headlight**(전조등)를 켜고 달려야 합니다.

이외에도 일상생활에서 사용하는 **light** 관련 복합어와 표현을 알아볼게요.

- → **light meal** 가벼운 식사
- → **light offense** 경범죄
- → **lighten** (← **light** + **-en**) 밝게 하다
- → **May I have a light, please?**
  담뱃불 좀 빌려주세요.

speed는 우리에게 무척 친숙한 단어로 명사로 '속도, 속력(**velocity**)',
동사로 '질주하다, 속도위반하다'라는 뜻입니다. 파생어를 살펴볼게요.

- ➔ **speedy, rapid** 빠른, 신속한
- ➔ **speedup** 속력 증가, 생산촉진
- ➔ **at full speed, at top speed** 전속력으로
- ➔ **speeding** 속도위반
- ➔ **speed cop** 속도위반 단속 경찰

상거래 관련 약어를 몇 가지 더 알아볼게요.

POS는 **Point Of Sales**(판매시점 정보관리)의 약어입니다. 판매시점에서 실시간으로
통합관리가 이루어지는 시스템인데, **ECR**(**Electronic Cash Register** 자동 금전
출납기)을 통하여 입력된 정보를 컴퓨터로 수집하여 전체 매장의 매출관리나 재고관리를
자동으로 하게 됩니다.

단어 **register**에 대해 살펴볼게요.

- ➔ **register** 등록부, 자동등록기; 기재하다, 등록하다, 등기로 보내다
- ➔ **registration** (입학) 등록, 등기
- ➔ **registered** 등록된, 등기된
- ➔ **registration mark**(**registration number**) 차량등록번호
- ➔ **registration plate** 번호판
- ➔ **a registered letter** 등기편지
- ➔ **a registered trademark** 등록상표

EDI는 **Electronic Data Interchange**(전자 문서 교환)의 약어입니다.
기업 상호 간에 접속된 컴퓨터를 이용해서 재화와 용역에 대한 거래정보를 표준화된
양식으로 교환하여 상거래를 처리함으로써 업무처리의 **accuracy**(정확성)와

efficiency(효율성)를 높이도록 개발된 시스템입니다.

CRM은 Customer Relationship Management
(고객 관계 관리)의 약어입니다. 선별된 고객으로부터
수익을 창출하고, 장기적인 고객 관계를 유지하여,
보다 높은 이익을 창출할 수 있도록 고객과
관련된 기업 자료를 분석·통합하여 고객 특성에
기초한 마케팅 활동을 **plan**(계획)하고,
support(지원)하고, **appraisal**(평가)하는
일련의 과정을 일컫는 말입니다.

- ⇒ **interchange** 교환, 고속도로 분기점
- ⇒ **relationship** 관계, 관련
- ⇒ **human relationship** 인간관계
- ⇒ **causal relationship** 인과 관계
- ⇒ **casual** 우연의, 평상복의
- ⇒ **parent-child relationship** 부모자식 관계

12 국제표준 ISO

→ mp3.**12**

> **ISO**는 **International Standardization Organization**
> (국제표준화기구)의 약어입니다. **product**(**manufactures**
> 제품)와 **service**(서비스)의 표준화를 통하여 국제교역을
> 촉진시키려는 목적으로 설립한 국제기구로 '**ISO** 인증제도'를
> 제정하였습니다.

ISO는 **International Standardization Organization**(국제표준화기구)의
약어입니다. **product**(**manufactures** 제품)와 **service**(서비스)의 표준화를
통하여 국제교역을 촉진시키려는 목적으로 설립한 국제기구로 '**ISO** 인증제도'를
제정하였습니다. 이것은 **ISO** 기술위원회에서 만든 것으로 국제규격과 품질·환경 경영에
관한 기준으로, 품질경영과 품질보증의 국제규격 **ISO 9000** 시리즈와 국제환경관리
관련 표준규격 **ISO 14000** 시리즈가 있습니다.

toilet(화장실)을 예로 설명해 볼게요. 화장실
표지에 변기가 없이 남녀만 표시해도 화장실로
알아볼 만큼 우리는 학습되어 있습니다. 이것이
일종의 **ISO**입니다. 만약 화장실 표지가 **ISO**
인증이 안 되어 제 각각이라면, 즉각 인지가 안
되기 때문에 화장실을 찾는 사소한 일에도 많은
confusion(혼란)을 가져올 수 있겠죠. 그래서

국제표준은 범세계적으로 통용되는 제2의 언어라 할 수 있습니다.

international은 '국제상의, 국제간의'란 뜻입니다.
단어 **national**(국내의, 국가의, 국민의)에 접두사 **inter-**
(**between** 사이)가 붙어 만들어진 단어입니다. 복합어
international conference(국제회의)를 생각하며,
회의에 관한 동의어와 관련 단어를 알아볼게요.

* **conference**, **meeting**, **assembly**,
  convention, **council**, **congress**, **session** 회의
* **an urgent conference** 긴급회의
* **hold an urgent conference**
  긴급회의를 소집하다

organization은 '기구, 조직, 단체'라는 뜻입니다. 관련 단어를 살펴볼게요.

* **organize** 조직하다, 편성하다
* **organization chart** 회사 조직도
* **member** 구성원
* **cooperation**, **partnership** 협동
* **condition** 조건

standardization은 '표준화, 규격화'
입니다. 이 단어는 일상에서 많이
사용하는 **standard**(표준, 기준)에서
나온 단어입니다. **standard**에
접미사 **-ize**(~화하다)가 붙어
'**standardize**(표준화하다)'가 되었고,
-ize의 명사형은 **-ization**(~화)가
되었죠. 즉, '**standard**(표준) → **standardize**(표준화하다) → **standardization**
(표준화)'가 되었습니다. 다른 단어에도 적용해서 체계적으로 암기해 보세요.

마지막으로 접두사 **inter-**를 정리할게요. '**between, among**(사이, 중간)'의 의미를 가집니다. 여기에 어근이나 단어가 붙어 새로운 단어가 탄생하게 되는 것이죠. 그럼 단어를 살펴볼게요.

- → **intercede** 중재하다, 조정하다
- → **intercept** 가로채다
- → **interfere** 방해하다
- → **interrupt** 가로막다, 방해하다(**hinder**)
- → **intersect** 가로지르다, 횡단하다
- → **interpret** 설명하다(**explain**)
- → **interrogate** 질문하다(**inquire, question, ask**)
- → **intervene** 사이에 끼다, 간섭하다
- → **interview** 회견하다, 면접하다
- → **intermediate** 중재하다, 조정하다; 중간의; 중재자 매개 수단, 중간시험

13 교육행정 정보시스템 NEIS

→ mp3.**13**

> **NEIS**는 **National Education Information System**(나이스, 교육행정 정보시스템)의 약어입니다. **educational administration**(교육행정) 관련 정보를 공동으로 이용하여 교육행정 전반의 **efficiency**(효율)를 높이고 교원의 업무환경을 개선하기 위한 정보체계입니다.

NEIS는 **National Education Information System**(나이스, 교육행정 정보시스템)의 약어입니다. **educational administration**(교육행정) 관련 정보를 공동으로 이용하여 교육행정 전반의 **efficiency**(효율)를 높이고 교원의 업무환경을 개선하기 위해 **the Ministry of Education**(교육부)이 구축한 전국 초·중·고교, 교육청 및 산하기관을 인터넷으로 연결한 교육행정 정보체계를 말합니다.

통합 전산망 구축을 통해 행정적 편의를 도모하고 효율적으로 정보관리가 된다는 장점이 있지만, 그에 따른 **side effect**(부작용)도 있습니다. 바로 개인정보의 유출입니다. 개인정보가 노출되어 **human right**(인권) 침해 가능성과 교사를 통제하는 수단이 된다는 의견도 있습니다.

national은 '국민의, 국가의'라는 뜻이 기본입니다. 관련 단어를 살펴볼게요.

- ➔ **national park** 국립공원
- ➔ **nation** 국가(**state**), 국민, 민족(**race**)
- ➔ **nationality** 국적
- ➔ **dual nationality** 이중국적
- ➔ **nationalization** 국유화

national park(국립공원)와 관련한 **internet surfing**(인터넷 서핑)을 하다가
읽은 글이 있어서 소개할게요.

오토바이를 타고 **tour around the world**(세계일주)를 하던
여행가가 미국 여행 중에 **Yellowstone National Park**
(옐로스톤 국립공원)에 갔다고 합니다. 세계 최초의
국립공원이자 공원 내 도로만 400㎞에 달하는 엄청난
규모입니다. **geyser**(간헐천), **hot spring**(온천),
waterfall(**falls** 폭포), **canyon**(협곡),
mountain(산), **river**(강), **lake**(호수),
fantastic rocks and stone(기암괴석) 등을
볼 수 있는 곳이라 합니다. 미국에 있는 수많은 국립공원 중에서 딱 한 군데만 가야
한다면, 바로 이곳을 강력하게 추천한다고 했습니다.

education은 '교육'이라는 뜻입니다. 동의어에는 '**training, instruction**'이 있어요.
관련 단어를 살펴볼게요.

- ➔ **educational** 교육의, 교육상의
- ➔ **educate** 교육하다
- ➔ **educator** 교육자(**instructor**)
- ➔ **physical education** 체육

- **vocational education** 직업 교육
- **vocational** 직업상의, 직업 교육의
- **vocational disease** 직업병
- **vocation** 직업, 사명감
  (＊ **vacation** 휴가, 방학)
- **on-the-job training** 현장 교육

직업 관련 단어를 살펴볼게요.

- **profession**, **calling**, **job**, **trade**, **career** 직업
- **full-time job** 정규직
- **part-time job**, **side job** 아르바이트
- **internship** 수습사원
- **casual job** 필요시 요청이 있을 경우 근무하는 직업
- **freelancing** 어떤 회사에 소속되지 않고 계약에 따라 자유롭게 일하는 직업

information은 '정보'라는 뜻입니다. 관련 단어를 살펴볼게요.

- **inform** 알리다, 통지하다
- **informant** 정보원, 제보자
- **informative** 교육적인, 유익한(**instructive**)
- **information desk**, **information booth** 안내소
- **information industry** 정보산업
- **information retrieval** 정보 검색
- **retrieval** 검색, 회수, 회복
- **retrieve** 되찾다, 만회하다, 검색하다

system은 '체제, 체계, 절차, 제도'라는 뜻입니다. 관련 단어를 살펴볼게요.

- **systematic** 체계화된, 조직적인(**methodical**), 질서 있는(**orderly**)
- **automated information system** 자동정보시스템
- **the private property system** 사유재산제도
- **property** 재산, 소유권
- **literary property** 저작권
- **immovable property, reality, real estate** 부동산

마지막으로 **education**(교육)과 관련 있는 **abbreviation**(약어)을 소개할게요.
NIE는 **Newspaper In Education**(신문활용교육)의 약어입니다. 신문을 교육에
활용해 교육효과를 높이고 교양을 키우는 데 그 목적을
두고 있습니다. 신문에는 매일 다양한 분야의 새로운 정보가
실리고, 유용한 정보도 많아 학습동기가 강해집니다. 아울러
정보를 찾아 이해하고, 문제점을 발견하고, 자신의 의사를
결정하는 과정을 거치므로 학습효과도 그만큼 더 커질 수
있습니다.

그리고 **BK 21**은 **Brain Korea 21**의 약어입니다. 21세기를 선도할 인재양성을
목적으로 시행하는 교육개혁 정책이며 산학협동을 통한 산업체 발전과 국제경쟁력 신장을
1차 목표로 하고 있습니다.

- **brain** 두뇌, 지능, 어떤 집단의 최고지도자
- **brainpower** 지력, 두뇌 집단, 참모단
- **brain death** 뇌사

그럼 **brainstorming**(브레인스토밍)이란 무엇일까요? 어떤 것에 대해 여러 사람들이
동시에 자유롭게 자기 생각을 이야기하는 방법입니다. 자유롭게 사고하고 생각에 대한
비판을 삼가하며 가능한 한 많은 아이디어를 내놓는 것을 중요시합니다.

14 미국 수학능력시험 SAT

→ mp3.**14**

SAT는 **Scholastic Aptitude Test**(학습능력적성시험)의 약어입니다. 미국 대학에 **entrance**(입학)하기 위해 고등학교 졸업 또는 예정자들이 치는 시험으로 우리나라의 수학능력시험과 유사합니다.

SAT는 **Scholastic Aptitude Test**(학습능력적성시험)의 약어입니다. 미국 대학에 **entrance**(입학)하기 위해 고등학교 졸업 또는 예정자들이 치는 시험으로 우리나라의 수학능력시험과 유사합니다. **SAT**는 대학 교육을 받기 위한 언어적·수리적 능력을 제대로 갖추고 있는지를 평가합니다. 평가 항목은 **critical reading**(비판적 독해), **mathematics**(수학), **writing**(작문)으로 구성되어 있습니다.

examination(시험)이란 말만 들어도 머리가 아파 오죠? 하지만 **test**(테스트, 시험)는 싫어도 **inevitable**(피할 수 없는)인 거죠. 그렇다면 실력을 쌓는 것이 최상의 **policy**(방책)가 아닐까 싶네요. **SAT**와 관련한 단어를 하나씩 살펴볼게요.

scholastic은 '학교의, 학자의, 학구적인'이란 뜻입니다. 파생어와 학교 관련 단어를 알아볼게요.

→ **scholastic year** 학년
→ **scholar** 학자

- → **scholarly** 학자의, 학자다운
- → **grade**, **score**, **mark** 점수
- → **scholarship** 장학금

aptitude는 '적성, 소질'이라는 뜻으로 많이 쓰는 단어입니다.
파생어와 관련 단어를 살펴볼게요.

- → **aptitude test** 적성검사
- → **apt** 알맞은, 적합한, 어울리는
- → **aptly** 적절히, 알맞게
- → **aptness** 적절, 재능

critical은 뜻이 많은데 '비판적인, 결정적인(**decisive**), 위독한'이란 의미는 꼭
기억하세요. 복합어와 파생어를 알아볼게요.

- → **critical opinion** 비판적 의견
- → **critical situation** 중대한 상황
- → **critical condition** (환자가) 중태인 상태
- → **critic** 비평가
- → **critically** 비평적으로, 아슬아슬하게
- → **criticism** 비평, 비판, 흠잡기
  (**faultfinding** ← **fault** 잘못, 책임 + **finding** 찾기)

비평과 비판, 비난, 비방의 차이가 무엇일까요?
비평(**criticism**, **comment**)은 어떤 것에 대해
좋고 나쁨을 평가하는 것이고, 비판(**criticism**)은
옳고 그름을 판단하는 것이며, 비난(**reproach**)은
남의 잘못이나 결점에 대해 나쁘게 말하는 것이고,
비방(**slander**)은 다른 사람을 비웃고 헐뜯는 거예요.

그러니까 비평, 비판, 비난은 잘못한 것에 대한 지적이지만, 비방은 아무 잘못이 없을 때도 **spiteful**(악의에 찬)하게 하기도 해요.

주요 영어시험에 대해 한번 살펴볼게요.
TOEIC(토익)은 **Test of English for International Communication**의 약어로, 특히 비즈니스 상황에서 영어 구사 능력을 측정하는 시험입니다. **TOEFL**(토플)은 **Test of English as a Foreign Language**의 약어입니다. 미국, 캐나다 등 영어권 국가에서 대학에 입학할 때, 영어를 **native language**(모국어)로 하지 않는 학생이 영어 **lesson**(**course** 수업)을 받을 수 있는지 평가하는 시험입니다. **TEPS**(텝스)는 **Test of English Proficiency developed by Seoul national university**의 약어입니다. 한국인의 영어 실력과 의사소통 능력을 효과적으로 평가할 목적으로 서울대학교 언어교육원에서 개발한 영어 시험입니다.

위에 등장한 중요한 단어를 정리할게요.

- ➜ **communication** 전달, 통신, 연락, 편지
- ➜ **communication satellite** 통신 위성
- ➜ **communicate** 전달하다, 통신하다, 병을 옮기다
- ➜ **foreign** 외국의, 외국산의
    - ↔ **home**, **domestic** 국내의, 국내산의
- ➜ **foreigner** 외국인, 낯선 사람(**stranger**)
- ➜ **foreign trade** 외국 무역
- ➜ **foreign exchange** 외환

15 지능 IQ vs 감성 EQ

→ mp3.**15**

IQ는 **Intelligence Quotient**(지능 지수)의 약어입니다.
지능 발달 정도를 나타내는 수치입니다.
EQ는 **Emotional Quotient**(감성 지수)의 약어입니다.
대인관계의 바탕이 되는 것으로, **EQ**가 높을수록 감정이입 능력이
커집니다.

IQ는 **Intelligence Quotient**(지능 지수)의 약어입니다.
지능 발달 정도를 나타내는 검사 수치입니다. 여기서
quotient의 어근은 **quality**(질)로 반드시 알아야 할
important(중요한) 영단어입니다. 현대 사회의
trend(트렌드, 경향)는 **the quality of life**(삶의 질)를
우선시하죠. 여기에 단어 **quantity**(양)도 함께 알아 두어야
합니다. 그럼 단어 정리 및 관련 표현 알아볼게요.

- → **quality** 질, 품질, 특성
- → **quantity** 양, 수량, 분량
- → **Quality is more important than quantity.**
  양보다 질이 중요하다.

intelligence는 '지성(**intellect**), 정보(**information**)'라는 뜻이 있습니다.

- → **intelligence test** 지능 검사

- **CIA** (**Central Intelligence Agency**)
  (미국) 중앙정보국
- **intelligent** 이성적인, 총명한, 지혜가 있는(**wise**, **sagacious**)
- **intelligent building** (**IB**, **Smart Building**)
  최첨단 인공지능을 갖춘 빌딩

quotient는 '몫, 나누어 얻은 수'라는 뜻입니다.

- **intelligence quotient** 지능 지수
- **achievement quotient** 성취 지수

형태가 비슷한 단어 **quota**, **quote**, **quarter**도 살펴볼게요.

- **quota** 몫(**share**), 할당, 분배
- **import quota** 수입 할당량
- **quote** 인용하다
- **quarter** 1/4, 15분, 25센트
- **quarters** 숙소
- **Revenue for the last quarter is at an all-time low.**
  4/4분기 수익이 사상 최저를 기록했다. (* **revenue** 수익, 수입, 세입)

mental은 '정신의, 마음의'라는 뜻으로, 일상에서 자주 쓰는 단어 '멘탈'입니다. 볼링, 야구, 골프 등이 대표적인 **mental game**으로 분류되죠. 관련 단어를 살펴볼게요.

- **spiritual** 마음의, 정신의
  ↪ **physical** 육체의

- **mental power** 정신력
- **physical power** 체력
- **mental fatigue** 정신적 피로
- **physical fatigue** 육체적 피로
- **sentimental** 감정의, 감상적인
- **fundamental** 기초의, 근본적인
- **implemental** 도구의, 도움이 되는
- **instrumental** 기계의, 악기의, 유용한
- **incremental** 증가하는, 성장의

EQ는 **Emotional Quotient**(감성 지수)의 약어입니다. 대인관계의 바탕이 되는 것으로, **EQ**가 높을수록 감정이입 능력이 커집니다. 단어를 활용한 문장을 만들어 볼게요.

- **How can we use our EQ to make our life happier?**
  더 행복한 삶을 살기 위해서 EQ를 어떻게 사용할 수 있는가?

사람의 능력과 감성을 나타내는 지수를 살펴봤으니, 개인과 관련한 단어를 더 살펴볼게요.

- **person** 사람, 인물
- **personal**, **individual** 개인의, 개인적인
- **personally** 자기 스스로, 개인으로서
- **personality** 개성, 성격, 유명인사

문학이나 영화 등에서 즐겨 다루는 주제 '이중인격'에 대해서도 알아볼까요? 이중인격(**dual personality**, **double personality**)은 한 사람이 전혀 다른 두 가지 **character**(성격)를 지니고 있어 때때로 다른 사람처럼 **behavior**(행동)하는 것을 말합니다. 그럼 '다중인격'은 무엇일까요? 바로 **multiple personality**입니다.

16 후천성면역결핍증 AIDS

→ mp3.16

AIDS는 **Acquired Immune Deficiency Syndrome**(에이즈, 후천성면역결핍증)의 약어입니다. 후천성으로 사람이 에이즈를 일으키는 바이러스 **HIV**(**human immunodeficiency virus** 인체 면역결핍 바이러스)에 감염되면 면역이 결핍되어 에이즈를 유발합니다.

AIDS는 **Acquired Immune Deficiency Syndrome**(에이즈, 후천성면역결핍증)의 약어입니다. 유전성인 선천적 면역결핍증과 구별하기 위해 후천성이라 하는 이 증상은 사람이 에이즈를 일으키는 바이러스 **HIV**(**human immunodeficiency virus** 인체 면역결핍 바이러스)에 감염되면 면역이 결핍되어 에이즈를 유발합니다. 에이즈에 걸리면 **cold**(감기), **influenza**(**bad cold** 독감)와 비슷한 **symptom**(증상)이 나타납니다.

acquired는 '획득한, 후천적으로 얻은'이란 뜻입니다. 파생어와 관련 단어 정리해 볼게요.

- → **acquired** 획득한, 후천적으로 얻은
    - ↔ **native, inborn, innate** 타고난, 선천적인
- → **acquire** 얻다, 획득하다
- → **acquirement** 취득, 획득
- → **innate instinct** 타고난 본능

➔ **Animals act on instinct.**
동물은 본능에 따라 행동한다.

immune은 '면역이 된, 면제된(**exempt**)'이란
뜻입니다. 그럼 면제를 나타내는 단어에 대해
알아볼게요.

➔ **immunity** 면역, 면제(**exemption**)
➔ **immunity from military service** 병역 면제
➔ **immunity of taxation** 세금 면제
➔ **exemption of the entrance** 입학금 면제

deficiency는 '결핍(**lack**), 부족, 결함(**defect**)'이라는 뜻입니다.

➔ **deficient** 부족한, 모자라는
➔ **deficit** 부족액, 적자(**red letters**)
   ↝ **surplus** 흑자(**black letters**)
➔ **vitamin deficiency** 비타민 결핍
➔ **physical deficiency** 육체적 결함
➔ **mental deficiency** 정신적 결함
➔ **sexual deficiency** 성적 결함

syndrome은 '신드롬, 증후군'이라는 뜻으로,
어떤 공통성이 있는 병적 징후를 총괄적으로 일컫는
용어입니다. 몸은 **full age**(성년)가 되어도 심리적으로는
사회에 적응하지 못하는 '어른 아이' 같은 사람의
심리적 증후군을 '피터팬 신드롬'이라 합니다. 반면,
chromosome(염색체) 이상으로 생기는 선천적 질환을
일컫는 **Down's Syndrome**(다운증후군)도 있습니다.

그밖에도 인터넷 사용 **population**(인구)이 늘어나면서 인터넷을 하지 않으면 불안한 '인터넷 신드롬', 모든 일을 완벽하게 하려고 보니 지치는 **career woman**(직장인 여성)에게 나타나는 스트레스 현상을 '슈퍼우먼 신드롬' 등이 있습니다.

이들 **symptom**(증세)이 그 정도가 심하고 반복적이며 만성화되어 신체, 심리, 사회 및 직업 활동상 장애를 유발하면, 정신 의학에서는 중독현상으로 간주하며 **medical treatment**(치료)가 필요합니다. 최근에는 의학 용어를 넘어서서 **newspaper**(신문), **broadcast**(방송) 등에서 흔히 사용하는 용어가 되어 버렸죠.

한편, **mass media**(대중매체)의 영향력이 커지면서 특정인물을 우상시하고 모방하는 문화현상이 만연한데 이러한 병적현상을 신드롬이라 부르기도 합니다. 얼짱·몸짱 신드롬, 웰빙 신드롬, **plastic surgery**(성형 수술) 신드롬, 자살 신드롬 등이 있습니다.

Stendhal Syndrome(스탕달 신드롬)이란 용어를 알아볼게요. 미술 작품을 감상할 때 순간적으로 느끼는 정서적 압박감으로, 〈적과 흑〉의 작가 스탕달이 미켈란젤로 작품을 관람한 후, 격렬한 **excitement**(흥분)와 **horror**(**fear** 두려움)를 느꼈다고

말한 것에서 유래되었습니다. 스탕달이 **church**(교회)에 진열된 미술 작품을 관람한 뒤, 전시관 **stair**(계단)를 내려오는 도중 **heart**(심장)가 뛰고 **knee**(무릎)에 힘이 빠지는 특이한 경험을 했는데, 이를 치료하는데 1개월 이상 걸렸다고 전해집니다.

sensibility(감수성)가 예민한 사람들이 뛰어난 예술품을 감상하고 받는 흥분에서 생기는 현상이죠. 고전 미술품을 가장 많이 보유한 피렌체에서 **tourist**(관광객)들이 집단적으로 이런 증상에 시달렸다고 보고되자, **psychologist**(심리학자)들은 이 같은 **phenomenon**(현상)을 최초로 경험한 스탕달의 이름을 따서 **Stendhal Syndrome**이라고 명칭을 짓게 되었습니다.

접두사 **syn-**은 **together, with**(~와 함께, 같이)라는 의미입니다.
그리고 변형에 '**syl-, sym-, sys-**'가 있습니다.
관련 단어를 살펴볼게요.

- **synchronize** 동시에 발생하다
- **synchronized swimming** 수중 발레
- **syndicate** 신디케이트, 기업연합
- **synonym** 동의어
- **synopsis** 요약, 줄거리
- **synthesis** 종합, 합성
- **synergy** 시너지, 상승효과
- **syllable** 음절
- **syllogism** 삼단논법
- **symbiosis** 공생
- **symbol** 상징
- **symmetry** 대칭
- **sympathy** 공감, 동정
- **symphony** 심포니, 교향곡
- **symposium** 심포지엄, 토론회
- **symptom** 징후, 징조
- **system** 체계, 제도, 방식

HIV에서 나온 단어도 살펴볼게요.

- ➜ **human** 인간의, 인간다운
- ➜ **humanism** 인간성, 인본주의
- ➜ **humanist** 인본주의자
- ➜ **humanity** 인간성, 자선 행위, 인류
- ➜ **humane** 인도적인, 인정이 있는
- ➜ **immunodeficiency** 면역결핍

세계적으로 유행했던 증상을 몇 가지 더 살펴볼게요. **SARS**(**Severe Acute Respiratory Syndromes** 사스)는 '중증급성호흡기 증후군'으로 동남아에서 발생해 유럽, 북미 등 전 세계로 확산된 호흡기 계통의 괴질입니다. 감염되면 고열, 기침, 두통 등의 독감환자와 비슷한 증상이 나타납니다. **AI**(**Avian Influenza**)는 '조류독감'으로 '**Avian flu**, **bird flu**'라고도 합니다. 조류독감의 **remedy**(치료제)로 타미플루가 있습니다.

- ➜ **severe** 지독한, 심한(**violent**, **intense**), 엄격한(**strict**)
- ➜ **acute** 병이 급성인, 날카로운, 예민한
  - ↪ **chronic** 만성인, 무딘, 감각이 없는
- ➜ **respiratory** 호흡의, 호흡에 관한
- ➜ **respiration** 호흡(**breathing**)
- ➜ **artificial respiration** 인공호흡
- ➜ **avian** 새; 새의, 조류의

17 CT & MRI 촬영

CT는 **Computerized Tomography**(전산 단층 촬영술)의
약어입니다. **X**선과 컴퓨터가 결합하여 체내의 모든 부분을 관찰할 수
있는 진단 장치입니다.
MRI는 **Magnetic Resonance Imaging**(자기공명영상법)의
약어입니다. 인체에 해가 없는 자기장을 이용하여 사람의 몸을
전후·좌우·상하로 나누어 여러 각도에서 촬영하는 방법입니다.

CT는 **Computerized Tomography**(전산 단층 촬영술)의
약어입니다. **X**선과 컴퓨터가 결합하여 체내의 모든 부분을 관찰할
수 있는 진단 장치로, **X**선을 쏘아 몸을 **scanning**(스캐닝)한 것을
데이터로 전환시켜 사진으로 보는 방식입니다. 횡단면만 **scan**(촬영)할
수 있으며 엑스선을 방출하므로 자주 촬영하는 경우 **human
body**(인체)에 해로울 수도 있습니다.

MRI는 **Magnetic Resonance Imaging**(자기공명영상법)의 약어입니다.
인체에 해가 없는 자기장을 이용하여 사람의 몸을 전후·좌우·상하로 나누어 여러
각도에서 촬영하는 방법입니다. **CT**보다 더 자세한
자료를 얻을 수 있고 사진도 더 선명합니다. 대신
CT에 비해 훨씬 비쌉니다. 여러분 중에
병원에 안 가본 사람은 없겠죠? 그렇다면
X-ray, **CT**, **MRI** 중 한 가지는 촬영해
본 **experience**(경험)가 있을 듯합니다.

난 더 자세한 자료,
선명한 사진을
제공한다구

하지만
넌 너무 비싸...

그럼 이제 관련 단어를 살펴볼게요.

computerize는 **computer**의 동사형으로 '컴퓨터로 처리하다, 전산화하다'라는
뜻입니다. **tomography**는 의학 전문 용어로 '단층사진촬영법', **magnetic**은 '자석의,
자기의'라는 뜻입니다. 그럼 관련 단어를 알아볼게요.

- **computerized conference room** (컴퓨터로) 자동화된 회의실
- **computerized database** 전산화된 데이터베이스
- **compute** 계산하다, 측정하다
- **computation** 계산, 측정
- **magnetic tape** 자기 테이프
- **magnetic strip** 마그네틱선
- **electromagnetic wave** 전자기파
- **magnet** 자석
- **magnetize** 자성을 띠게 하다, 사람을 끌다(**attract**)

magnetic에는 '매력 있는'이라는 뜻도 있습니다.
동의어로 '**charming, attractive, fascinating,
glamorous, bewitching**'이 있습니다.
예문 한번 볼까요?

magnetize

- **She has something attractive about her.**
  그녀에게는 뭔가 매력적인 데가 있다.

resonance는 동사 **resound**(울려 퍼지다, 반향을 일으키다)의 명사형으로 '울려
퍼짐, 공명, 반향(**echo**)'의 의미가 있어요.

- **resonant** 울려 퍼지는(**resounding**)
- **resonate** 울려 퍼지다, 공명하다

image(이미지)는 우리말처럼 많이 사용하는 단어로, '상, 영상, 화상, 인상, 이미지'라는 뜻입니다. 활용어와 파생어를 살펴볼게요. 여기서 소개하는 형용사 3개는 혼동하기 쉬워서 시험에 자주 출제됩니다.

- ➜ **background image** 배경 화면
- ➜ **international image** 국제적인 이미지
- ➜ **the image of the company** 회사 이미지
- ➜ **imagination** 상상력
- ➜ **imagine** 마음에 그리다, 상상하다
- ➜ **imaginable** 상상할 수 있는
- ➜ **imaginary** 상상의, 가상의(**unreal**)
- ➜ **imaginative** 상상력이 있는

시험에 자주 출제되는 혼동하기 쉬운 형용사를 소개할게요. 참고해서 직접 정리해 보세요.

- ➜ **respectable** 존경할 만한 / **respective** 각각의 / **respectful** 공손한
- ➜ **sensitive** 민감한 / **sensible** 분별 있는 / **sensual** 육감적인
- ➜ **economic** 경제의, 경제적인 / **economical** 알뜰한, 절약하는
- ➜ **healthful** 건강에 좋은 / **healthy** 건강한
- ➜ **historic** 역사적으로 유명한 / **historical** 역사에 관한, 역사상의
- ➜ **credible** 믿을 만한, 믿음직한 / **credulous** 쉽게 믿는, 잘 속는
- ➜ **successful** 성공한 / **successive** 잇따르는, 연속적인
- ➜ **industrial** 산업의, 공업의 / **industrious** 근면한, 부지런한
- ➜ **valueless** 무가치한, 하찮은 / **invaluable** 매우 귀중한
- ➜ **considerable** 상당한, 중요한 / **considerate** 이해심이 있는, 마음씨 좋은
- ➜ **classic** 일류의, 표준적인 / **classical** 고전적인, 전통적인
- ➜ **momentary** 순간의, 찰나의 / **momentous** 중대한
- ➜ **negligent** 태만한, 부주의한 / **negligible** 무시해도 좋은, 하찮은
- ➜ **famous** 유명한 / **infamous** 악명 높은

18 유전자변형 GMO

→ mp3.**18**

> **GMO**는 **Genetically Modified Organism**
> (유전자변형생물체)의 약어입니다. 유전자생명공학기술을 이용해
> 본래의 **gene**(유전자)을 변형시켜 생산된 **crop**(농작물),
> **tree**(나무), **animal**(동물), **insect**(곤충) 등을 일컫는 말입니다.

GMO는 **Genetically Modified Organism**(유전자변형생물체)의 약어입니다.
유전자생명공학기술을 이용해 본래의 **gene**(유전자)을 변형시켜 생산된 **crop**(농작물),
tree(나무), **animal**(동물), **insect**(곤충) 등을 일컫는 말입니다. **health**(건강)에
대한 **concern**(관심)이 증대되면서 자주 듣게 되는 용어입니다. 또 생명공학계의
배아줄기세포 연구로 **cell**(세포)의 핵을 이용한 복제
연구가 활발해지면서 **GMO**에 대한 일반인들의
interest(관심)가 더 집중되고 있습니다.
질병에 강하고 생산량이 많아 식량난을 해결할
수 있다는 장점에도 불구하고 식품에 대한
안전성과 생태계에 미칠 영향 때문에 반대하는
의견도 있습니다.

FAO(**Food and Agriculture Organization** 유엔
식량농업기구)는 심각해지는 **global warming**(지구 온난화)의
영향으로 농경지와 작물 생산량이 급감해 전 세계 기아 인구가
크게 늘어날 것이라고 예상했습니다. 특히, 사하라사막 이남
아프리카 국가들이 가장 심한 타격을 받고, 그 지역 주민들은

대부분 **hunger**(**starvation, famine** 기아)와 **shortage of food**(식량난)의 위협에 시달릴 것이라고 합니다.

유전자 조작을 통해 얻은 **bean**(콩), **potato**(감자), **corn**(옥수수), **tomato** (토마토) 등을 유전자 변형 농산물이라 합니다. 보존 기간이 길고 **damages by blight and harmful insects**(병충해)에 강해, 적은 노동력과 생산비용으로 많은 **crop**(수확량)을 얻을 수 있어, 식량 문제를 해결하는 데 커다란 **contribution** (기여)을 할 수 있습니다. 그리고 이 농산물을 가공하여 만든 식품을 유전자 변형 식품이라 합니다.

또한 유전자 조작에 의한 **leukemia**(백혈병)나 **anemia**(빈혈) 치료제를 생산할 수 있는 흑염소나 돼지를 태어나게 한다면, 값비싼 의약품을 **mass production** (대량 생산)할 수 있는 가능성을 열어 인류 질병 치료에도 커다란 기여를 할 수 있습니다. 하지만 가장 큰 문제점은 이러한 유전자 변형 생물체들이 **human body**(인체)나 **domestic animal**(가축)에 미칠 영향이 충분히 검증되지 않았다는 데 있습니다.

건강에 관련된 문장을 하나 소개하고 어휘 학습을 시작할게요.

 → **Health is the first requisite to success in life.**
   건강은 성공의 첫째 요건이다.
   (* **requisite** 필수품, 필요조건; 필요한,
   없어서는 안 될)

genetically는 '유전학적으로'라는 뜻으로, **gene**(유전자)에서 파생되었습니다. 관련 단어를 살펴볼게요.

- ➢ **gene** 유전자
- ➢ **genetic** 유전학의; 유전상의
- ➢ **genetics** 유전학
- ➢ **gene therapy** 유전자 치료
- ➢ **genetic test** 유전자 검사
- ➢ **genetic engineering** 생명공학

modify는 '변경하다, 고치다'라는 뜻으로 동의어로 '**change, alter**'가 있습니다. '완화하다, 수식하다'라는 뜻도 있는데, 관련 단어를 살펴볼게요.

- ➢ **modify the terms of an agreement** 계약조건을 변경하다
- ➢ **modification** 변경, 수정(**alteration**), 완화
- ➢ **modifier** 변경하는 사람, 변경하는 것, 수식어구

organism은 '유기체, 생물'이라는 뜻으로 **living organism**(생물), **microscopic organism**(미생물)으로 쓸 수 있습니다. '줄기세포'는 영어로 **stem cell**이라 하는데, 아직 특정 조직의 세포로 분화되지 않은 세포를 말합니다. 그럼 '배아줄기세포'는 무엇일까요? 영어로 '**embryonic stem cell**'이라 하며, **fertilized eggs**(수정란) 발생 초기에 생기는 세포를 말합니다.

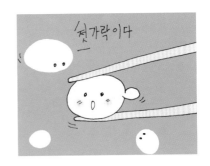

- ➢ **embryonic** 태아의, 미발달의, 초기의
- ➢ **embryo** 태아, 싹
- ➢ **fertilize** 수정시키다, 비옥하게 하다

Greenpeace(그린피스)를 들어 본 적이 있나요? 1971년 캐나다 밴쿠버 항구에서 **ecoactivist**(환경보호운동가) 12명이 모여서 결성한 환경보호단체입니다. 핵실험 반대시위를 하기 위해 미국 알래스카주 암치카섬으로 출발한 배 중앙에 '**Green-peace**'라고 쓴 녹색 깃발을 건 것이 계기가 되어 단체 이름이 되었습니다. 회원들이 내는 **contribution**(**donation**, **endowment** 기부금)으로 운영되며, 현재는 유전공학을 포함하여 기후, 유독성 물질, 핵, 해양, 해양투기, 산림 등의 다양한 부분에서 적극적으로 활동하고 있습니다.

이런 단체를 **NGO**(**Non-Governmental Organization** 비정부기구)라고 합니다. 공동의 이해를 가진 사람들이 특정 목적을 위해 지역·국가·국제적으로 조직한 자발적인 비영리 시민단체로 정부정책을 감시하거나 시민의 정치참여 권장, **human rights**(인권), **environment**(환경), **health**(보건), **sexual discrimination**(성차별) 철폐 등과 같은 특정 문제를 포함하여 다양한 영역에서 활동하는 정부기구 이외의 기구입니다.

19 수질 등급 기준 BOD

→ mp3.**19**

BOD는 **Biochemical Oxygen Demand**
(생화학적 산소요구량)의 약어입니다. **pollution**(오염)된
물의 수질을 표시하는 지표로, 어떠한 유기물을 수중의
microorganism(미생물)이 산화하는 데 소요되는 산소요구량을
의미합니다.

BOD는 **Biochemical Oxygen Demand**(생화학적 산소요구량)의 약어입니다.
pollution(오염)된 물의 수질을 표시하는 지표로, 어떠한 유기물을 수중의
microorganism(미생물)이 산화하는 데 소요되는 산소요구량을 의미합니다.
environment(환경), 특히 **quality of water**(수질)에 대해서 이야기할 때 자주
듣는 용어입니다.

물속의 호기성 **bacteria**(**germ** 세균)가 물에 있는 유기물질을 분해하면서 5일 동안
소비하는 산소량을 측정하여 **pollution level**
(오염도)을 알아내는 방법으로, 5일 동안 소비하는
양이 적을수록 깨끗한 물입니다. 단위는 **PPM**으로
표기되며, **BOD**가 높을수록 오염도가
심각함을 알 수 있습니다. **PPM**은
대기오염도나 수질오염도를 나타내는
단위로, 백만분율을 나타내는 **parts
per million**의 약어입니다.

BOD와 비교되는 **COD**는 **Chemical Oxygen Demand**(화학적 산소요구량)의 약어로 **waste water**(폐수)의 유기물 함유도를 알 수 있는 중요한 지표입니다. **COD**는 산화제를 첨가하여 오염도를 알아내는 방법으로 유기물질을 전량 산화시킬 수 있는 산화제의 양을 재는 것입니다. 산화제가 많이 쓰일수록 오염도가 높습니다. 그래서 오염도가 높을수록 **BOD**와 **COD**의 값은 커집니다. 오염도가 낮다면 두 가지 수치가 모두 작아집니다.

현재 우리가 살고 있는 **age**(**times** 시대)의 가장 **important**(중요한) 과제 중 하나가 **environment**(환경)를 지키는 일이죠. 이제 우리는 **spring water** (**bottled water** 생수)를 당연하게 사서 마십니다. 원래 생수는 **base rock**(암반) 틈새로 솟아오르는 지하수를 의미하여, 단순히 유해한 물질이 없다는 의미보다는 건강상 필요한 **mineral**(미네랄)이 적당량 포함된 물을 말합니다. 현재는 일반적으로 마실 수 있는 물을 생수라고 하죠.

chemical은 '화학의, 화학적으로 만들어진'이란 뜻입니다.
복합어와 비교 확장어를 알아볼까요?

> ➜ **chemical reaction** 화학반응
>   (＊ **reaction** 반작용, 반응)
> ➜ **chemical formula** 화학식
>   (＊ **formula** 방식, 공식)
> ➜ **physical** 물리학상의, 물리학적인
> ➜ **biological** 생물학상의, 생물학적인
> ➜ **biochemical** 생화학의, 생화학적인
> ➜ **biochemistry** 생화학
> ➜ **biochemist** 생화학자

학문명까지 살펴볼까요?

- **biology** 생물학
- **chemistry** 화학
- **physics** 물리학
- **psychology** 심리학
- **philosophy** 철학
- **geology** 지질학
- **economics** 경제학
- **business administration** 경영학
- **electronics** 전자공학
- **mathematics** 수학
- **politics** 정치학
- **linguistics** 어학

좀 더 확장해서 학위명과 관련한 단어까지 알아볼게요.

- **B.A.** (**Bachelor of Arts**) 학사학위
- **M.A.** (**Master of Arts**) 석사학위
- **Ph.D.** (**Doctor of Philosophy**) 박사학위
- **grant a degree to ~**,
  confer a degree on ~,
  award ~ a degree
  ~에게 학위를 주다
- **take a degree** 학위를 취득하다
- **take the doctor's degree in
  economics** 경제학 박사학위를 받다

demand는 명사로 '요구, 수요', 동사로 '요구하다, 필요로 하다'라는 뜻입니다. 동의어로
need, require가 있고, 반의어는 supply(공급하다)입니다. 단어를 정리해 볼게요.

- **demand** 요구, 수요; 요구하다, 필요로 하다(**need, require**)
  - ↔ **supply** 공급하다
- **demand for higher wages** 임금인상 요구
- **preposterous demand** 터무니없는 요구
- **preposterous** 터무니없는(**absurd**), 비상식적인
- **strike** 파업

20 미국 골프협회 PGA & LPGA

→ mp3.20

PGA는 Professional Golfers Association
(미국 프로골프협회)의 약어입니다.
LPGA는 **PGA**와 구별하기 위해서 앞에 **ladies**(숙녀들)를 붙인
Ladies Professional Golf Association
(미국 여자프로골프협회)의 약어입니다.

PGA는 **Professional Golfers Association**(미국 프로골프협회)의 약어입니다.
'마스터즈 골프대회, **US**오픈 골프선수권대회, 브리티시오픈 골프선수권대회, **PGA**
선수권대회 **Championship**'을 4대 메이저 대회라고 하는데, 이 대회 모두에 우승한

선수를 **grand slammer**라고
합니다. **PGA**와 구별하기 위해서
앞에 **ladies**(숙녀들)를 붙인
LPGA(**Ladies Professional
Golf Association**)는 '미국
여자프로골프협회'입니다. 특히 여자
골프는 우리나라 선수들의 활약이
대단합니다.

professional은 형용사로 '전문의,
프로의, 직업상의', 명사로 '직업선수,
전문가'라는 뜻입니다. 반의어는 **amateur**, 파생어 **professionalism**은 '프로근성,
직업의식, 전문성'이라는 의미입니다.

- **professional** 전문의, 프로의, 직업상의; 직업선수, 전문가
  - ↔ **amateur** 아마추어
- **professional advice** 전문가 조언
- **professional ethic** 직업 윤리
- **professional negligence** 업무상 과실
- **professionalism** 프로근성, 직업의식, 전문성
- **professor** 교수
- **profess** 공언하다, ~을 직업으로 삼다
- **professed** 공언한
- **profession** 공언, 고백(**confession**), 직업

association에는 '협회(**society, league, club**), 연합(**union, alliance, coalition, combination, organization**)'이란 뜻이 있습니다.

- **associate** 연상하다, 연합시키다
- **federation** 연맹, 동맹
- **committee** 위원회

이제 **PGA, LPGA**에 해당하는 한국골프대회가 무엇인지 궁금하지 않으세요? 앞에 한국을 나타내는 **Korea**만 붙이면 됩니다. **KPGA(Korea Professional Golfers' Association** 한국 프로골프협회), **KLPGA(Korea Ladies Professional Golf Association** 한국 여자프로골프협회) 이렇게요. 그럼 골프 용어를 알아볼게요.

- **birdie** 버디(기본 타수보다 1타 적은 타수)
- **par** 파(홀마다 정해 놓은 기본 타수)
- **eagle** 이글(기본 타수보다 2타 적은 타수)
- **bogey** 보기(파보다 1타 많은 타수)
- **double bogey** 더블 보기(파보다 2타 많은 타수)

- **hole in one** 홀인원

  (티 샷한 공이 단번에 그대로 홀에 들어간 경우)

- **tee** 티

  (골프공을 올려놓는 자리)

- **tee off** 티에서 공을 치다

- **teeing ground** 티잉 그라운드

  (각 홀의 출발구역)

- **green** 그린

  (퍼팅하기 위해 잔디를 짧게 깎아 정비해 둔 구역)

- **fairway** 페어웨이

  (공을 치기 좋게 잔디를 짧게 깎아 놓은 구역)

- **rough** 러프

  (페어웨이 밖의 잡초, 관목지역)

- **hazard** 해저드

  (코스의 난이도와 조경을 위해 코스에 설치한 장애구역)

- **bunker** 벙커

  (모래로 된 장애구역)

- **water hazard** 워터 해저드

  (물로 된 장애구역)

스포츠 관련 기본 용어를 알아볼게요.

- ➡ **MLB** (**Major League Baseball**) 메이저리그 야구
  (미국 프로야구연맹의 **National League**와 **American League**)
- ➡ **WBC** (**World Baseball Classic**) 월드베이스볼클래식(국가 대항 야구대회)
- ➡ **NBA** (**National Basketball Association**) 미국프로농구협회
- ➡ **KBL** (**Korea Basketball League**) 한국농구연맹
- ➡ **KBO** (**Korea Baseball Organization**) 한국야구위원회
- ➡ **KOC** (**Korean Olympic Committee**) 대한올림픽위원회
- ➡ **FA** (**Free Agent**) 자유계약선수
- ➡ **MVP** (**Most Important Player**) 최우수선수
  (＊ **VIP**는 **Very Important Person**으로
  '특별 대우해야 할 중요 인물')

league(리그)와 **tournament**(토너먼트) 경기 방식을
아시나요? **league**는 각 조에 소속된 팀끼리 돌아가면서
경기를 벌인 다음, 각 조 상위 팀끼리 경기를 벌여
'16강 → 8강 → 4강 → 결승전'을 치르는 방식입니다.
tournament는 시합 때마다 패자는 떨어져 나가고 마지막
남은 두 팀이 **championship**(우승)을 겨루는 방식입니다.

21 미국 중앙정보국 CIA & 연방수사국 FBI

mp3.**21**

CIA는 **Central Intelligence Agency**(미국 중앙정보국)의
약어입니다. 국가안전보장에 관한 사항에 대하여 임무를 수행하는
정보기관입니다.
FBI는 **Federal Bureau of Investigation**(미국 연방수사국)
의 약어입니다. 미국연방정부의 수사기관입니다.

CIA는 **Central Intelligence Agency**
(미국 중앙정보국)의 약어입니다. 국가안전보장에 관한
사항에 대하여 **NSC**(**National Security Council**
국가안전보장회의)에 정보 제공 및 **NCS**가 명하는
정보활동과 특수정보수집, 특수공작 등의 임무를
수행합니다.

FBI는 **Federal Bureau of Investigation**
(미국 연방수사국)의 약어입니다. 미국연방정부의
조사기관으로 내란, 간첩, 태업이나 군대에 대한 방해행위 등 **national security**
(국가 안보)에 관한 범죄 등을 **investigation**(수사)합니다.
FBI 수사는 **congress**(의회)나 **president**(대통령)가
간섭할 수 없습니다.

한마디로 **CIA**는 **intelligence agency**(정보기관),
FBI는 **investigation agency**(수사기관)입니다.

central은 **center**(중심, 중앙)의 형용사형입니다. '중앙의, 중심적인, 주요한 (**leading**, **chief**)'이란 뜻입니다. 복합어와 관련어를 알아볼까요?

- **central thought** 중심 사상
- **Central Processing Unit** (**CPU**) 중앙 연산처리장치
- **centralization** 집중화, 중앙집권
- **centralize** 중앙에 집중시키다
- **central office** 본부
- **undercover agent** 첩보원(**spy**)

intelligence는 '지능, 정보(**information**)'라는 뜻입니다.

- **intelligence test** 지능 검사
- **intelligence satellite** 첩보 위성
- **intelligent** 이성적인, 총명한, 지적으로, 총명하게

agency는 '에이전시, 행정기관의 청, 국, 대리점', **agent**는 '에이전트, 대리인, 중개자'라는 뜻입니다.

council은 '회의, 협의회, 지방 의회', 발음이 같은 **counsel**은 '의논, 상담, 조언 (**advice**)입니다. **counselor**(카운슬러, 고문, 조언자)는 일상에서 많이 쓰는 단어입니다. 관련 표현이에요.

- **Deliberate in counsel, prompt in action.** 계획은 신중히, 실행은 신속히.

federal은 '연방제의, 동맹의'로, **the Federal Government**는 '연방 정부'입니다. 파생어 **federation**은 '연합, 동맹'으로 동의어 '**union, league**'가 있습니다. **investigation**은 '조사, 수사'로 파생어에는 **investigate**(자세히 조사하다), **investigator**(조사관)가 있습니다.

CIA, **FBI**와 관련된 약어를 더 살펴볼게요.

→ **CSI** (**Crime Scene Investigation**)
   (미국) 과학수사대
→ **CID** (**Criminal Investigation Department**)
   (미국) 범죄수사대

죄 관련 단어를 정리할게요.

→ **crime** 법률상 죄, 범죄
→ **sin** 도덕적·종교적 죄
→ **criminal** 범죄의, 죄악의
→ **crimination** 고소, 비난
→ **the scene of a crime** 범죄현장
→ **a partner in crime** 공범자
→ **a criminal operation** 낙태
→ **operation** 수술
→ **criminal law** 형법
→ **civil law** 민법

22 국가안전보장회의 NSC

> **NSC**는 **National Security Council**(국가안전보장회의)의
> 약어입니다. 즉, 국가의 안전보장에 관련된 정책을 수립하는
> 대통령자문기관을 말합니다.

NSC는 **National Security Council**(국가안전보장회의)의 약어입니다. 즉, 국가의 안전보장에 관련된 대외정책, 대북정책, 군사정책, 국내정책을 수립하는 대통령자문기관을 말합니다. 미국 **NSC**도 '국가안전보장회의'입니다.

national security(국가 안보)는 정말 중요합니다. 안보에 심각한 **obstacle** (**impediment**, **hindrance** 장애, 방해)이 되는 요소는 제거해야 합니다. 그리고 국가를 지키는 **military service**(군복무, 병역)의 의무도 중요합니다.

그럼 관련 단어를 살펴볼게요. 여기서 한 가지 알아 둘 것은 접미사 **-ism**은 '~주의',
-ist는 '~을 하는 사람'을 뜻합니다.

- ➔ **national** 국민의, 국가의
- ➔ **nation** 국민, 국가(**state**)
- ➔ **nationalism** 국가주의, 민족주의
- ➔ **nationalist** 국가주의자, 민족주의자
- ➔ **nationalization** 국유화, 국가화
- ➔ **nationality** 국적
- ➔ **dual nationality** 이중국적
- ➔ **What's your nationality?**
  국적이 어디인가요?
- ➔ **national income** 국민소득
- ➔ **the national flag** 국기
- ➔ **national holidays** 국경일
- ➔ **the national anthem** 애국가
- ➔ **national treasure** 국보
- ➔ **the national character** 국민성

character는 아주 많이 사용하는 단어이지요.
'특성, 성격, 인격' 그리고 '문자'라는 뜻이 있습니다.
본래 **meaning**(의미)은 **novel**(소설)이나
play(연극) 등에 등장하는 인물이나 작품
내용에 의하여 독특한 개성과 이미지가 부여된
존재를 표현하는 단어였습니다. 요즘에는
distinctive(독특한) 인물이나 동물을 디자인하여
장난감이나 문구, 아동용 의류 등에 많이 사용합니다.
character industry(캐릭터 산업)의 **golden days**(전성기)입니다.

security는 '안전(**safety**), 안보, 경비, 보증(**guarantee**), 담보(**pledge**, **mortgage**)'란 뜻이고, 반의어는 **insecurity**(불안)입니다.

- **security system** 보안 장치
- **home security system** 가정 경비 시스템
- **security company** 경비 회사
- **secure** 걱정 없는, 안전한(**safe**), 확실한
- **council** 회의, 지방 의회
- **counsel** 의논, 상담, 조언
- **counselor** 고문, 조언자

관련 약어들을 더 살펴볼게요.

MD는 미국의 **Missile Defense**(국가 미사일방어체제)의 약어입니다. 미국 본토가 **intercontinental ballistic missile**(**ICBM**, 대륙간 탄도미사일)로부터 공격받을 경우 고성능 **antimissile missile**(요격 미사일)을 발사해 요격함으로써 미국 본토는 물론이고 해외 주둔 미군과 동맹국까지 보호한다는 방어 개념입니다.

비즈니스상 **MD**는 무엇을 말하는지 아시나요? 바로 **merchandiser**로 '상품기획자, 상품구매자'를 말합니다. 홈쇼핑 **MD**는 납품업체를 선정하고 판매전략을 짜서 판매를 촉진시키는 일을 하는 직업이죠.

- **merchandise** 상품(**goods**, **commodities**); 매매하다, 거래하다, 판매를 촉진하다

PKO는 **Peace Keeping Operations**(평화유지활동)의 약어로 '세계평화와 안전 유지를 위해 국제연합이 편성한 국제부대'입니다. 우리나라는 소말리아, 동티모르, 아프가니스탄, 이라크 등에 **PKO**를 **dispatch of forces**(파병)했습니다.

23 북대서양 조약기구 NATO & 국제연합 The UN

→ mp3.**23**

NATO는 North Atlantic Treaty Organization
(북대서양 조약기구)의 약어입니다. 미국 주도로 창설된 서유럽
국가들의 군사동맹체입니다.
The UN은 **The United Nations**(국제연합)의 약어입니다.
국가 간 **dispute**(분쟁)를 해결하고 평화 유지, 군비 축소, 국제
교류와 협력 증진, 국제법 개발 등의 역할을 하고 있습니다.

NATO는 **North Atlantic Treaty Organization**(북대서양 조약기구)의
약어입니다. 제2차 세계대전 이후 동유럽에 주둔하고 있던 소련군과 군사적 **balance**
(균형)를 맞추기 위해 미국 주도로 창설된 서유럽 국가들의 군사동맹체입니다.
현재는 동유럽 국가들도 **NATO**에 가입하여 유럽 국가들의 군사동맹체가 되었습니다.
NATO는 각 가입국이 **aggression**(침략)을 당하거나 피해를 입었을 경우,
그 상대국을 공동으로 응징합니다.

반면에 **The UN**은 **The United**
Nations(국제연합)의 약어로 국가 간
dispute(분쟁)를 해결하고 평화 유지, 군비
축소, 국제 교류와 협력 증진, 국제법 개발 등의
역할을 하고 있습니다.

north는 '북쪽'이란 뜻이지요. 방향에 관련된 단어를 정리할게요.

- ➔ **east** 동쪽
- ➔ **west** 서쪽
- ➔ **south** 남쪽
- ➔ **north** 북쪽
- ➔ **northeast** 동북
- ➔ **northwest** 서북
- ➔ **southeast** 동남
- ➔ **southwest** 서남

이제 오대양을 알아볼까요?

- ➔ **Pacific Ocean** 태평양
- ➔ **Atlantic Ocean** 대서양
- ➔ **Indian Ocean** 인도양
- ➔ **Antarctic Ocean** 남극해
- ➔ **Arctic Ocean** 북극해

ocean은 '대양, 바다'를 말하는데, 요즘 마케팅 용어로 **red ocean**(레드오션)과
blue ocean(블루오션)이란 말을 많이 사용하죠. **red ocean**은 동일한 시장에

뛰어들어 기존 고객층을 확보하기 위해 치열하게
competition(경쟁)하는 시장으로, 혈투로
바다가 붉게 물들어 레드오션이 된다는 겁니다.
반면에 **blue ocean**은 비경쟁품목을
선택해서 차별화된 **strategy**(전략)로
무한시장을 잠식하겠다는 의미입니다. 매력적인
제품과 서비스를 통해 자신만의 독특한 시장,
싸우지 않고 이길 수 있는 시장을 창출해내는

management strategy(경영 전략)를
말하죠.

treaty에서 '조약, 협정(pact)'이라는 뜻을
기억하세요. treaty와 비슷한 형태의 treat는
'다루다, 대우하다'로 전혀 다른 뜻입니다. 이것의
명사형 treatment는 '취급, 대우, 치료, 처치'라는
뜻으로 정말 많이 쓰는 단어입니다.

예시 단어를 알아볼게요.

- → **delicate treatment** 신중한 취급
- → **fair treatment** 공평한 대우
  - ↪ **unfair treatment** 불공평한 대우
- → **treatment for consumption** 폐병 치료
- → **first-aid treatment** 응급처치

위 단어에서 **delicate**는 '섬세한, 우아한, 정밀한, 예민한, 깨지기 쉬운'이란 뜻으로
쓰이는 중요한 형용사입니다. **consumption**은 **production**(생산)의 반의어
'소비'라는 뜻으로 사용되나 '폐병'의 의미로도 가끔 사용됩니다.

organization은 '기구, 조직(**structure**), 조직체, 단체'라는 뜻입니다.
파생어를 살펴볼게요.

- → **organize** 조직하다, 편성하다
- → **organism** 유기체, 생물

24 주한미군 지위협정 SOFA

SOFA는 Status Of Forces Agreement between
the Republic of Korea and United States(한-미
주둔군지위협정)의 약어입니다. 대한민국과 미국 간 상호방위조약
(**mutual defense treaty**) 제4조 **article**(조항)에 의한 미국
군대의 **status**(지위)에 관한 **agreement**(협정)입니다.

SOFA는 Status Of Forces Agreement between the Republic of
Korea and United States(한-미
주둔군지위협정)의 약어입니다. 대한민국과
미국 간 상호방위조약(**mutual defense
treaty**) 제4조 **article**(조항)에 의한
facilities(시설), **areas**(구역) 및
대한민국에서 미국 군대의 **status**(지위)에
관한 **agreement**(협정)입니다.

주한미군의 법적인 지위를 규정한
협정으로 1966년에 체결한 후 1991년
1차 개정, 2001년 2차 개정을 하였지만,
근본적으로 **inequality**(불평등)한
본 협정과 합의 **minutes**(의사록)에
전혀 손을 대지 못한 거나 마찬가지입니다.

SOFA에서는 공무수행 중 발생한 **offense**(**crime** 범죄)에 대해서는 미군이 재판권을 관할하도록 규정하고 있죠. 그러나 공무수행 중이라 하더라도 민간인에게 피해를 주거나 **murder**(살인), **rape**(강간) 등의 **outrageous crime**(강력 범죄)에는 한국이 수사권과 재판권을 행사해야 한다는 지적이 높습니다.

article은 '법, 조약의 조항, 신문 기사, 관사, 물품'같이 다양한 뜻으로 쓰입니다. 복합어를 살펴볼게요.

- → **the tenth article of the Constitution** 헌법 제10조
- → **newspaper article** 신문기사
- → **foreign-made articles** 외제품

mutual은 '상호의, 서로의'라는 뜻으로 쓰이며, 중요한 동의어로 **reciprocal**이 있습니다. 만약 팀원끼리 조화가 잘 이루어지지 않는다면, **mutual understanding** (상호 이해)하고 **mutual respect**(상호 존중)하면 **mutual cooperation** (상호 협력)이 잘 이루어질 겁니다.

defense는 '방어, 수비'로 반의어는 **offense**(공격)입니다. 폭력(**violence**)은 나쁜 것이지만 부득이한 사정으로 사용해야 할 상황이 있는데, 이럴 때를 **legal defense** (정당방위)라고 합니다. 법정에서 **defense**는 '피고 측'이라는 의미가 있습니다. '원고 측'은 **prosecution**이고요. 그럼 단어를 정리해 볼게요.

- → **defend** 지키다, 방어하다
  - ↝ **offend** 공격하다, 화나게 하다, 위반하다
- → **defensive** 방위하는, 수비의
  - ↝ **offensive** 공격적인, 불쾌한
- → **defendant** 피고
  - ↝ **plaintiff** 원고

* **defenseless** 무방비의
* **defenseless state** 무방비 상태

facility는 '시설, 설비'란 뜻입니다. 복합어로 살펴볼게요.

* **amusement facilities** 오락 시설
* **monetary facilities** 금융 기관
* **transportation facilities** 운송 기관
* **facile** 용이한(**easy**)
* **facilitate** 용이하게 하다

arm은 '팔'인데 복수 **arms**가 되면 '무기'라는 뜻이 됩니다.
다음 단어들도 함께 기억하세요.

* **armed** 무장한
* **armed robbers** 무장 강도
* **armed forces** 군대
* **armada** 함대
* **armament** 군사력, 군비

force는 '힘, 군대'를 말하죠. 동의어로 '**strength, vigor, power**'가 있어요.
관련 단어를 알아볼게요.

* **forceful, strong, powerful** 강한
* **forced** 강요된
* **brute force** 폭력
* **labor force** 노동력
* **air force** 공군

25 배타적 경제수역 EEZ

→ mp3.**25**

> **EEZ**는 **Exclusive Economic Zone**(배타적 경제수역)의
> 약어입니다. 자국 연안으로부터 200해리까지 어업 자원과 광물
> 자원에 대한 **exploration**(탐사), **development**(개발),
> **conservation**(보존), **use**(사용) 등에 대해 독점적 권리를
> 행사할 수 있는 수역을 말합니다.

EEZ는 **Exclusive Economic Zone**(배타적 경제수역)의 약어입니다.
자국 연안으로부터 200해리(약 370㎞)까지의 어업 자원과 광물 자원에 대한
exploration(탐사), **development**(개발), **conservation**(보존), **use**(사용)
등에 대해 독점적 권리를 행사할 수 있는 유엔 국제 해안법상의 수역을 말합니다.
해리(**nautical mile**)는 '해상의 거리를 나타내는 단위'로 1해리가 1,852m입니다.

특히 바다를 사이에 둔 인접한 국가의
경우 **EEZ**를 침범하여 분쟁이 종종
일어나곤 합니다. 독도 분쟁(**dispute**)과
관련하여, 일본이 영유권을 주장할 때
international law(국제법)상 근거로
삼았던 것이 바로 **EEZ**입니다.

exclusive는 '배타적인, 독점적인'이란 뜻이며 동사형은 **exclude**(제외하다)입니다.
반의어는 **inclusive**(포괄적인)이고, 동사형은 **include**(포함하다)입니다.

이 단어가 **daily life**(일상생활)에서 어떻게 활용되는지 알아볼까요?

exclusive bus lane(버스전용차선)에는 버스만 달릴 수 있어 차가 막히는 시간에
오히려 버스가 빨리 **destination**(목적지)까지 갈 수 있어요.
버스를 타고 **going to the office**(출근)를 해보겠습니다. 일찍 출근하여, 오늘의
기사를 훑어봅니다. **the exclusive news**(**scoop** 특종)가 많군요.
거대 기업이 **exclusive right**(독점권)를 행사해 재판에 회부되었다는 기사도 있고,
어떤 회사는 세계적인 다국적 기업과 **exclusive sales contract**(독점판매계약)를
체결했다는 기사도 있군요.

the National Assembly building(국회의사당)에서 일하는 **assemblyman**
(국회의원)의 **exclusive privilege**(특권)에 대해서도 알아볼까요?
국회의원은 국회에서 직무상 행한 발언과 표결에 관하여 국회 밖에서 책임지지 않는다는
the privilege of exemption from liability
for one's speech in the National
Assembly(면책특권)라는 게 있습니다.
또 현행범이 아닌 경우, 회기 중에는
국회 동의 없이 **arrest**(체포)나
custody(구금)되지 않습니다. 이외에도
국회의원은 여러 가지 **benefit**(혜택)도
많은데, 너무 **abuse**(남용) 하면 안 되겠죠?

economic은 '경제의, 경제상의'라는 뜻입니다. 복합어를 살펴볼게요.

- **economic growth** 경제성장
- **economic stabilization** 경제안정
- **economic cooperation** 경제협력
- **economic policy** 경제정책
- **economic crisis** 경제위기
- **economic blockade** 경제봉쇄

economic의 파생어도 함께 알아볼게요.

- **economy** 경제
- **economist** 경제학자
- **economics** 경제학
- **economical** 경제적인, 절약하는
  - **wasteful**, **extravagant** 사치스러운

zone은 너무나 익숙한 단어로 '지대, 지역'이라는 뜻입니다.
동의어로 '**region**, **belt**, **district**'가 있습니다. 관련 단어를 살펴볼게요.

- **danger zone** 위험지대
- **safety zone** 안전지대
- **greenbelt zone** 녹지대구역
- **no-passing zone** 통행금지구역
- **no-parking zone** 주차금지구역

대한민국 군사지역과 관련한 약어들도 한번 살펴볼게요.

- **DMZ** (**Demilitarized Zone**) 비무장지대
- **MDL** (**Military Demarcation Line**) 군사분계선
- **NLL** (**Northern Limit Line**) 북방한계선
- **COP** (**Command Observation Post**) 지휘관측소
- **GOP** (**General Outpost**) 일반전초
- **CP** (**Command Post**) 지휘소
- **GP** (**Guard Post**) 감시초소
- **OP** (**Observation Post**) 관측초소
- **AO** (**Area of Operation**) 작전지역

여기에 나오는 단어를 정리할게요.

- **demilitarize** 군정을 해제하다, 비무장화하다
- **demarcation** 경계(**boundary**), 한계(**limit**)
- **command** 명령, 지휘; 명령하다, 지휘하다 (* **commend** 칭찬하다)
- **observe** 관찰하다, 준수하다
- **observation** 관찰, 관측, 감시, 소견
- **observance** 준수, 의식, 행사
- **observer** 관찰자, 정식 대표의 자격이 없어 표결에 참여하지 않는 사람
- **post** 주둔부대, 지위, 기둥, 우편; 게시하다, 광고하다
- **outpost** 전초, 주둔기지
- **operation** 작용, 운전, 수술, 작전

26 핵확산 금지조약 NPT

→ mp3.**26**

NPT는 **Nuclear Nonproliferation Treaty**
(핵확산 금지조약)의 약어입니다. 핵의 평화적 사용을 위한
international treaty(국제 조약)입니다.

NPT는 **Nuclear Nonproliferation Treaty**(핵확산 금지조약)의 약어입니다.
핵의 평화적 사용을 위하여 **nuclear weapon**
(핵무기) 보유국과 보유하지 않은 국가에 의무를
규정하고 있으며, **NPT** 조약을 위반할 경우에는
special inspection(특별사찰)을 실시합니다.
북한의 핵 문제 때문에 자주 듣게 되는데,
핵의 **peaceful use**(평화적 사용)를 위한
international treaty(국제 조약)입니다.

nuclear bomb(핵폭탄)은 누가 처음 만들었을까요?
핵무기의 **the first**(시초)는 1945년 미국 정부가 제2차
세계대전 중 비밀리에 추진한 암호명 **Manhattan Project**
(맨해튼 프로젝트)로 **desert**(사막)에서 실시한 실험에
성공한 것이 최초의 핵폭탄으로 알려져 있습니다.

독일이 원자폭탄을 먼저 개발할 것을 **concern**(우려)한
아인슈타인이 당시 루스벨트 미국대통령에게 보낸 핵폭탄
개발을 촉구하는 편지가 이 프로젝트의 발단이 되었다고 합니다.

이 프로젝트 책임자 오펜하이머가 첫 번째 **atomic testing**(**nuclear test** 원폭실험) 현장에서 "나는 세계의 파괴자, 죽음의 신이 되었다."고 말한 것이 유명하죠. **nuclear warhead**(핵탄두) 2개가 일본의 히로시마와 나가사키에 각각 투하돼 한순간에 20여 만 명의 목숨을 앗아가고 두 도시를 거의 파괴한 이후로 **mankind** (인류)는 **nuclear war**(핵전쟁)의 **threat**(위협)에 시달리게 됩니다.

nuclear와 관련된 복합어를 알아볼까요?

- **nuclear fusion** 핵융합
- **nuclear fission** 핵분열
- **nuclear fuel** 핵연료
- **nuclear weapons** 핵무기
- **nuclear energy** 핵에너지
- **nuclear disarmament** 핵무기 감축
- **ban on nuclear tests** 핵실험 금지
- **agreement on a nuclear test ban** 핵실험 금지협정
- **nuclear waste disposal** 핵폐기물 처리
- **nuclear waste disposal dump site** 핵폐기물 처리장
- **go nuclear** 핵보유국이 되다

관련 단어를 한번 더 정리할게요.

- **warhead** (미사일 등의) 핵탄두
- **fusion** 용해, 융합, 연합
  - **fission** 분열
- **weapon** 무기
- **carry a weapon** 무기를 휴대하다
- **disarmament** 무장해제, 군비축소
- **disposal** 처분, 처리, 매각

➡ **agreement** 협정, 일치, 합의

　➥ **disagreement** 불일치

어떤 단어에 접두사 **dis-**가 붙으면 '반대'나 '부정'의
의미를 나타냅니다. 대부분의 접두사는 원래 단어에
접두사가 갖는 의미를 부가하거나 강조·반대·부정의
의미를 나타냅니다.

➡ **disadvantage** 불리

　➥ **advantage** 이익

➡ **discontent** 불만족

　➥ **content** 만족

➡ **discredit** 불신, 불명예

　➥ **credit** 신뢰, 명예

➡ **dissatisfaction** 불만족

　➥ **satisfaction** 만족

➡ **disqualify** 실격시키다

　➥ **qualify** 자격 있다

핵실험 금지와 관련한 문장도 한번 해석해 볼게요.

➡ **The summit conference broke down over the nuclear test
ban.**
정상회담은 핵실험 금지 문제로 결렬되었다.

nonproliferation은 **proliferation**(확산, 급증, 증식)이란 단어에 '부정'을
나타내는 접두사 **non-**이 붙어 '핵확산 방지, 핵무기 제조 제한'이라는 반대 의미가
되었다고 생각하면 간단합니다.

그럼 접두사 **non-**이 들어가는 단어를 한번 정리해볼까요?

여기서 중요한 것은, 접두사 **non-**은 어근에 '부정, 결여'의 뜻을 더해준다는 것입니다.

- **nonaggression** 불침략, 불가침
- **noncombatant** 비전투원
- **nonconfidence** 불신임
- **nondurables** 비내구재, 소모품
- **nonfiction** 비소설
- **nonproductive** 비생산적인
- **nonresident** 비거주자
- **nonsense** 무의미한 말
- **nonflammable** 불연성의, 타지 않은
- **nonviolence** 비폭력주의
- **nonstop** 무정차의, 중단 없는

핵무기와 관련한 용어를 살펴볼게요.

- **WMD** (**Weapons of Mass Destruction**) 대량살상무기
- **PSI** (**Proliferation Security Initiative**) 대량살상무기 확산방지구상
- **destruction** 파괴, 파멸
- **initiative** 주도, 기선, 시작, 독창력

treaty는 '조약'이라는 의미로, 동의어로 '**convention**, **agreement**, **pact**'가 있습니다.

관련 표현과 복합어를 살펴볼게요.

- → **ratify a treaty** 조약을 비준하다
- → **conclude a treaty** 조약을 체결하다
- → **denounce a treaty** 조약을 파기하다
- → **Peace Treaty** 평화조약
- → **Nonaggression Treaty** 불가침조약
- → **the Korea-US Security Treaty** 한미안보조약
- → **Mutual Security Treaty** 상호방위조약

한반도의 분단(**the partition of the Korean Peninsula**)으로 인해 북핵 문제는 우리에게 긴급한 현안입니다.

그럼 반도 관련 지형 단어를 한번 정리해 볼게요.

- → **peninsula** 반도
- → **gulf, bay** 만
- → **island** 섬
- → **lake** 호수
- → **channel** 해협
- → **mountain range** 산맥

27 국제원자력기구 IAEA

→ mp3.**27**

IAEA는 **International Atomic Energy Agency**
(국제원자력기구)의 약어입니다. **peaceful uses of nuclear
energy**(원자력의 평화적 이용)를 위한 연구와 국제적으로 공동
관리하기 위해 설립된 **UN**(국제연합) 산하 기구입니다.

IAEA는 **International Atomic Energy Agency**(국제원자력기구)의
약어입니다. **peaceful uses of nuclear energy**(원자력의 평화적 이용)를
위한 연구와 국제적으로 공동 관리하기 위해 설립된 **UN**(국제연합) 산하 기구입니다.
국가 간의 문제를 다루는 **international organizations**(국제기구)는 많습니다.
대표적으로 **UN**이 있죠. 그중에서 **IAEA**는 **nuclear energy**(원자력)에 관한
전반적인 문제를 처리하기 위해 설립한 국제기구입니다.

원자력은 평화적으로 이용하면 좋은
것이지만 만약 전쟁 목적으로 사용된다면
mankind(인류)에게는 엄청난
disaster(**calamity** 재앙)을 가져오기
때문에 이를 조율한 기구가 필요한 것이죠.

international은 '국제상의, 국제간의'라는
뜻입니다. 재난이나 재해 등으로 어려움을
겪는 국가가 발생하면 전 세계에서 도움의 손길을 보냅니다. 이것을 **international
aid**(국제원조)라고 하죠. 그러고 보면 **international society**(국제사회)에는

아직 **warm heart**(온정)가 남아 있네요. 반의어로 '국내의'라는 뜻의 **domestic**, **internal**, **national**이 있습니다. **foreign**(외국의)도 함께 기억하세요. 이외 관련 단어와 표현을 정리해볼게요.

- **international conference** 국제회의
- **conference**, **meeting**, **assembly**, **convention** 회의
- **international exposition** 만국박람회
- **international air terminal** 국제공항터미널
- **international sports events** 국제스포츠대회
- **The cargo plane made an emergency landing at Incheon International Airport.**
  그 화물수송기는 인천국제공항에 비상착륙 했다.
  (* **cargo** 화물, **emergency landing** 비상착륙)

atomic은 '원자력의'라는 뜻으로 **nuclear**와 같은 의미입니다. 복합어를 살펴볼게요.

- → **atomic bomb** 원자폭탄
- → **atomic weapon** 핵무기
- → **atomic power plant** 원자력발전소
  (* **power plant** 발전소)
- → **atomic pile**, **reactor** 원자로
- → **light-water reactor** 경수로
  (원자력발전에서 경수를 감속재와 냉각재로 사용하는 원자로)

energy는 '에너지, 정력(**stamina**, **vitality**), 힘'이란 뜻으로 '활동의 근원이 되는 힘, 물체가 가지고 있는 힘의 양'입니다. **Energizer**라는 건전지가 있죠? 기계에 활기를 불어넣는다는 제품 이미지를 강조한 **brand**(상표)입니다. 반대로 '기력을 잃다'라는 단어 **enervate**도 기억하세요. 그럼 단어를 정리할게요.

- → **energetic**, **dynamic**, **vigorous**, **tireless**, **boisterous**
  활기찬, 정력적인
- → **energize** 활기 있게 하다
- → **enervate** 기력을 잃다

agency는 일상생활에서 자주 듣는 '에이전시'라는 단어로, '대리, 중개, 대리점'이란 뜻입니다. **agent**는 '대리인, 중개자, 앞잡이'입니다.

international이 들어간 국제기구를 몇 개 더 소개할게요.

- ⟶ **ILO**（**International Labor Organization**）국제노동기구
- ⟶ **IMF**（**International Monetary Fund**）국제통화기금
- ⟶ **ICAO**（**International Civil Aviation Organization**）
  국제민간항공기구

위 약어에 등장하는 중요 단어를 한번 살펴볼까요?

- ⟶ **labor** 노동 ⟶ **laborer** 노동자
  - ⟶ **laborious** 힘이 드는, 근면한（**industrious**）⟶ **laboratory** 실험실
- ⟶ **language laboratory** 어학실습실
- ⟶ **monetary** 통화의, 화폐의, 금전상의（**pecuniary**）
- ⟶ **money** 화폐, 돈
- ⟶ **paper money** 지폐
- ⟶ **ready money** 현찰
- ⟶ **small money** 잔돈
- ⟶ **change** 거스름돈
- ⟶ **check** 수표
- ⟶ **moneybag** 돈주머니, 지갑
- ⟶ **wallet**, **billfold** 지갑
- ⟶ **pocket money** 용돈
- ⟶ **living expenses** 생활비

해외여행을 할 때, 지갑과 **passport**（여권）를 잘 챙겨야 합니다. 이것을 **loss**（분실）하면 국제미아가 됩니다. 참고로 **lost-and-found center**（분실물 센터）도 기억하세요.

fund는 일상에서 접하는 '펀드'라는 단어로, '주식이나 채권 파생상품 등의 유가증권에 투자하기 위해 조성되는 투자자금'을 말하며 사전적 의미는 '자금, 기금'입니다. 관련 표현 알아볼게요.

- → **relief fund** 구호자금
- → **raising funds** 자금 조달

civil은 '민간의, 공손한(**polite**)'이라는 뜻으로, 반의어는 **military**(군대의)입니다. 파생어를 살펴볼게요.

- → **civilian** 민간인
- → **civilization** 문명, 문화
- → **civilize** 문명화하다

aviation은 '비행, 항공'이란 뜻으로, 요즘 자주 사용하는 **navigation**(내비게이션)을 함께 기억하세요. 관련 단어를 정리할게요.

- → **aviate** 비행하다
- → **aviator** 비행가, 조종사
- → **navigation** (배·항공기의) 조종, 항해
- → **navigate** 조종하다
- → **navigator** 항공사, 항해자

28 액정화면 LCD

mp3.**28**

> **LCD**는 **Liquid Crystal Display**(액정표시장치)의 약어입니다.
> **LCD**는 **power consumption**(전력소비)이 적고, 가볍고 얇아
> 휴대가 간편하여 휴대폰, 노트북, **TV**에 많이 사용됩니다.

LCD는 **Liquid Crystal Display**(액정표시장치)의 약어입니다. **LCD**는 **power consumption**(전력소비)이 적고, 가볍고 얇아 휴대가 간편하며, 유해전파도 거의 발생하지 않는 첨단 소재로 휴대폰, 노트북, **TV**에 많이 사용됩니다. 우리나라의 **chief items of export**(주요 수출품목) 중 하나이기도 합니다.

liquid는 명사로 '액체', 형용사로 '액체의, 맑은(**clear**), 투명한(**transparent**)'이란 뜻입니다. **liquid**와 비교하여 고체는 **solid**, 기체는 **gas**, **vapor**입니다.

- → **liquid fuel** 액체연료
- → **liquid crystal** 액정
- → **liquidation** 청산, 정리, 현금화
- → **transparent** 투명한, 비쳐 보이는
  - ↝ **opaque** 불투명한
- → **transparency** 투명, 투명도(**transparence**)

crystal은 '수정'입니다. 수정은 **clear and transparent**(맑고 투명)하지요. 그래서 형용사로 '맑고 투명한(**crystalline**)'이란 뜻을 가지며, **crystalline lens**는 '눈의 수정체'를 말합니다.

jewelry(**gem** 보석)를 한번 살펴볼까요?

- → **opal** 오팔
- → **ruby** 루비
- → **emerald** 에메랄드
- → **sapphire** 사파이어
- → **diamond** 다이아몬드
- → **pearl** 진주
- → **amethyst** 자수정
- → **citrine** 황수정
- → **platinum** 백금
- → **gold** 금

display도 일상에서 자주 사용하는 단어입니다. 동사로 '전시하다, 진열하다, 나타내다'라는 뜻이 있고, 동의어로 '**show, present, exhibit**'가 있습니다. 반의어는 **conceal**(숨기다)입니다. 명사로는 '전시, 진열, 컴퓨터의 화면 표시장치'라는 뜻입니다. 예시 단어를 한번 살펴볼까요?

- **display fireworks** 불꽃놀이를 하다
- **fireworks display** 불꽃놀이
- **display one's hidden talent** 숨은 실력을 보이다
- **window display** 쇼윈도의 상품 진열

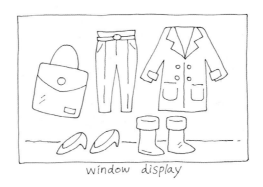

window display

digital convergence(디지털 컨버전스, 디지털융합)를 들어 보셨나요? '하나의 기기와 서비스에 모든 정보통신기술을 묶는 것'을 말합니다. 휴대폰의 경우, 전화 기능을 기본으로 하여 디지털카메라, MP3, 게임, 방송 시청, 금융업무 등의 기능을 갖추어 넣은 것을 예로 들 수 있으며 끊임없이 발전하고 있습니다. 관련 단어를 정리해 볼게요.

- **convergence** 한점으로 모임, 집중성
    - **divergence** 분기
- **CD** (**Compact Disc**) 시디
- **DVD** (**Digital Versatile Disc**) 디지털 비디오 디스크
- **MP3** (**Moving Picture Experts Group Audio Layer-3**) 엠피스리
- **HDTV** (**High Definition Television**) 고화질 텔레비전
- **DMB** (**Digital Multimedia Broadcasting**) 디지털미디어방송

앞에 나오는 약어들과 관련한 단어를 살펴볼게요.

- **compact** 조밀한(**dense**)
- **disc, disk** 얇고 납작한 원반
- **versatile** 다재다능한, 만능의, 다방면에 걸친
- **versatility** 다재다능
- **moving** 움직이는, 추진하는, 감동시키는(**touching**); 움직이다, 감동시키다, 제의하다(**propose**)
- **moving power** 추진력
- **moving staircase** 에스컬레이터(**escalator**)
- **movement** 움직이기, 몸짓, 동향, 경향(**tendency, trend**)
- **expert** 숙련가, 전문가; 능숙한(**experienced, skillful, skilled, adept**), 숙련된(**skillful**), 전문적인
- **be skilled in, be a good hand at, be at home in, be an expert in** ~에 능숙하다
- **expertise** 전문적 의견, 기술
- **group** 떼, 무리; 단체의
- **grouping** 배열, 배치, 부품조립도
- **group mind** 군중심리
- **group buying** 공동구매
- **layer** 층, 겹, 칠(**coat**)
- **definition** 해상력, 선명도, 설명
- **define** 한정하다, 명시하다
- **definite, explicit, precise** 명확한
  - ↤ **indefinite** 불명확한
- **definitely, explicitly** 분명하게
- **definitive** 결정적인, 최종적인(**conclusive, final**)
- **definite statement** 명확한 진술
- **definitive answer** 최종적 답변

29 자동응답 시스템 ARS

→ mp3.**29**

> **ARS**는 Automatic Response System(자동응답 시스템)의
> 약어입니다. '전화를 이용해서 시스템에 접속하면 필요한 정보를
> 들려주는 시스템'을 말합니다.

ARS는 **Automatic Response System**
(자동응답 시스템)의 약어입니다. '전화를 이용해서
시스템에 접속하면 필요한 정보를 들려주는
시스템'을 말합니다. **ARS**와 비슷한 것으로
'컴퓨터와 전화를 연결하여 데이터, 팩스, 음성정보
등을 통합하는 기술'인 **CTI**(**Computer and
Telephony Integration** 컴퓨터 전화 통합)

가 있습니다. 컴퓨터와 연결되어 **Internet Call Center**(인터넷 콜센터),
Telemarketing(텔레마케팅), **Electronic Commerce**(전자상거래),
Phone Banking(폰뱅킹) 등에 쓰는 기술입니다.

ARS와 관련하여 **answering machine**
(자동응답기)도 알아 두세요.

그럼 **ARS**를 구성하는 영단어를 알아볼까요?
automatic은 '자동의, 자동적인'이란
뜻입니다. 관련 단어를 살펴볼게요.

- **automatic control** 자동제어
- (**automatic**) **vending machine**
  자동판매기
- **automation** 자동화
- **factory automation** 공장 자동화
- **office automation** 사무 자동화

response는 동사 **respond**(대답하다, 반응을
보이다)의 명사형으로, '응답(**answer**), 반응'이라는
뜻입니다.

- **swift response** 즉답
- **audience response rating**
  시청자 여론조사
- **responsibility** 책임, 책무
- **sense of responsibility** 책임감

integration은 동사 **integrate**(전체로 합치다, 통합하다)에서 파생된
것으로 통합(**unification**)이라는 뜻을 가진 중요 단어입니다. 철자가 비슷한
integrity(성실)와 **confusion**(혼동)하지 않도록 주의해야 합니다.

- **social integration** 사회 통합
- **economic integration** 경제 통합

관련 약어들을 정리해 볼게요. **GPS**는 **Global Positioning System**
(위성항법장치)의 약어입니다. 인공위성을 통하여 자동차, 비행기, 선박 등이 자신의
position(위치)을 정확히 알 수 있도록 하는 장치입니다. **GPS** 수신기는 개인
휴대용에서 인공위성 탑재용까지 다양하게 개발되어 있습니다. **satellite**(위성)를
이용한 위치추적 시스템인 **GPS**는 미 국방성(**the Pentagon** 펜타곤)이 군사적

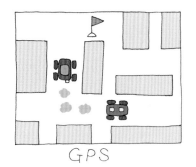

GPS

목적으로 개발했다고 합니다. 지금은 부분적으로 민간 이용이 가능해 자동차나 선박, 항공기 등에 널리 쓰이고 있습니다. **GPS**에서는 위성 4개에 도달한 전파신호로 각각의 위성 간 **distance**(거리)와 **angle**(각도)을 계산하여 사용자의 위치를 알아낸다고 합니다.

car navigation(내비게이션)도 인공위성을 통하여 자동차를 목적지까지 유도하는 시스템입니다. 최신 내비게이션 시스템은 꽉 막힌 도로나 초행길에서 쉽고 빨리 **destination**(목적지)으로 갈 수 있도록 도와줍니다. 현재는 **weather**(날씨), 증권(**stock**) 정보의 수신도 가능하여 매우 편리한데, 현재보다 더 발전된 형태를 **expectation**(기대)합니다.

- **navigation** (선박, 항공기의) 조종, 항해술, 항공술
- **navigate** (배로) 운항하다, (비행기로) 날다, 조종하다
- **navigator** 항해가, 조종사
- **expectation** 기대, 예상(**anticipation**) 가망
- **expectant** 기대하고 있는, 기다리고 있는(**expecting**)
- **expectancy** 기대, 가망
- **life expectancy** (생명보험의) 평균 여명
- **expect** 기대하다, 기다리다

전화기와 관련한 용어를 몇 개 더 살펴볼게요.
전화가 걸려 온 경우, 전화를 건 사람 **caller**(발신자)의
전화번호나 이름이 수신자(**receiver**)의
전화기 액정화면에 표시되도록 하는 서비스로
Caller Identification Presentation
Supplementary Service(**CISS**, 발신자번호표시
부가서비스)가 있습니다.

121

- **identification** 신분증명, 신원확인 신분증(**ID**)
- **identify** 확인하다, 식별하다; 동일시하다
- **presentation** 발표, 소개, 표시, 증정
- **present** 제출하다, 소개하다, 증정하다
- **a presentation meeting** 회사의 제품 설명회
- **presentation copy** 기증본
- **presentation day** 대학 학위 수여식
- **supplementary** 보충의, 추가의
- **supplement** 보충, 추가, 부록
- **supplementary service** 부가 서비스
- **supplementary equipment** 보충 설비
- **supplementary budget** 추가 예산

Please show me your identification card

Part 2
분야별 약어

일반 상식

☐ **ABS** Anti-lock Brake System 바퀴잠김[미끄럼] 방지 브레이크

☐ **ABC weapon** Atomic Biological & Chemical weapon

화학, 생물, 방사능 무기

NBC weapons Nuclear, Biological, Chemical weapons

핵무기, 생물학무기, 화학무기를 통틀어 일컫는 말

☐ **ATM** Automated Teller Machine 현금자동입출금기

☐ **AWACS** Airborne Warning And Control System 공중조기경보통제기

☐ **BANANA** Build Absolutely Nothing Anywhere Near Anybody

바나나현상 : "근처 어디든 아무것도 짓지 마라." 뜻에서도 알 수 있듯이 환경
오염 시설이나 혐오 시설을 자기가 사는 지역권내에는 절대 건설하지 못한다
는 지역 이기주의 현상을 말합니다.

NIMBY (님비) Not In My Back Yard 쓰레기처리장, 오물처리장, 원자력발
전소 등의 더럽거나 위험한 시설물의 설치를 자기 고장에는 가져오지 말라는
지역 이기주의 현상을 말합니다.

PIMFY (핌피) Please In My Front Yard 월드컵유치, 기업도시선정, 고속
철도역 선정 등과 같은 '좋은 시설물을 우리 고장에 세워 주세요.'라는 뜻으로
님비의 반대 개념입니다.

☐ **CNG** Compressed Natural Gas 압축천연가스

LPG Liquefied Petroleum Gas 액화석유가스

LNG Liquefied Natural Gas 액화천연가스

☐ **DWI** Driving While Intoxicate 음주운전

□**ET** Extra-Terrestrial 외계인

□**ETA** Estimate Time of Arrival 도착예정시간

□**FAO** Food and Agriculture Organization
  (of the United Nations)
  (유엔) 식량농업기구

□**FDA** Food and Drug Administration 미국 식품의약국

□**FM** Frequency Modulation 주파수변조

  HF High Frequency 고주파

□**GMT** Greenwich Mean Time 그리니치 표준시간

□**IATA** International Air Transport Association 국제항공운송협회

□**ICAO** International Civil Aviation Organization 국제민간항공기구

□**ID card** Identification card 신분증

□**ILO** International Labor Organization 유엔 국제노동기구

□**IRBM** Intermediate Range Ballistic Missile 중거리 탄도 미사일

  LRBM Long Range Ballistic Missile 장거리 탄도 미사일

  ICBM Intercontinental Ballistic Missile 대륙간 탄도 미사일

□**ISS** International Space Station 국제우주정거장

□**JSA** Joint Security Area 공동경비구역

□**KFP** Korea Fighter Program 한국군 차세대 전투기 사업

□**KTX** Korea Train Express 한국 고속철도

  TGV(테제베) Train a Grande Vitesse 프랑스 고속철도

□**MD** Missile Defense 미국 국가미사일방어체계

□**NASA** National Aeronautics and Space Administration 나사,
  미국 항공우주국

□**NGO** Non Government Organization 비정부기구

□**OPEC** Organization of Petroleum Exporting Countries 석유수출국기구

□**PKO** Peace Keeping Operations (유엔) 평화유지활동

☐ **PMS** Premenstrual syndrome 생리전 증후군

☐ **PLO** Palestine Liberation Organization 팔레스타인 해방기구

☐ **POW** Prisoners Of War 전쟁포로

☐ **PT** Physical Training 체력단련

☐ **ROTC** Reserve Officer's Training Corps 학군단

☐ **SALT** Strategic Arms Limitation Talk 전략무기제한 협정

☐ **SDI** Strategic Defense Initiative 전략방위구상

☐ **SF** Science Fiction 공상과학

    3D Three Dimension 3차원 입체

☐ **UFO** Unidentified Flying Object 미확인비행물체

☐ **UHF** Ultra High Frequency 극초단파

    VHF Very High Frequency 초단파

☐ **UNESCO** United Nations Educational, Scientific, and Cultural Organization
    유엔 교육과학문화기구

    UNSC UN Security Council 유엔안보리, 국제연합 안전보장이사회

☐ **unicef** United Nations Children's Fund 유니세프, 유엔아동기금

☐ **USFK** United States Forces in Korea 주한미군

☐ **WMD** Weapons of Mass Destruction 대량살상무기

    WMO World Meteorological Organization 세계기상기구

☐ **WWF** World Wildlife Fund 세계야생동물보호기금

☐ **WWW** World Weather Watch 세계기상감시

☐ **YMCA** Young Men's Christian Association 기독교 청년회

☐ **YWCA** Young Women's Christian Association 기독교 여자청년회

2 경제·경영

ADB Asia Development Bank 아시아개발은행

APEC Asia-Pacific Economic Cooperation 아시아태평양 경제협력체

B2B Business to Business 기업간 전자상거래

BOK Bank Of Korea 한국은행

CB Convertible Bond 전환사채

CD Cash Dispenser 현금자동지급기

　　 Certificate of Deposit 양도성 예금증서

CEO Chief Executive Officer 최고경영권자

　　 CFO Chief Financial Officer 최고재무관리자

　　 CIO Chief Information Officer 최고정보관리책임자

CMS Cash Management Service 금융기관에서 통신과 컴퓨터를 이용한 금융 자산 결제방법

COEX COnvention (컨벤션, 회의, 총회) & EXhibition (전시)

CP Commercial Paper 기업어음

EU European Union 유럽연합

GTC General Trading Company 종합무역상사

FRB Federal Reserve Bank 미연방 준비은행

IBRD International Bank for Reconstruction and Development 국제부흥 개발은행, 세계은행

IMF International Monetary Fund 국제통화기금

IOU I Owe You 약식차용증서

□ **IT** Information Technology 정보기술

□ **KDI** Korea Development Institute 한국개발연구원

□ **KOTRA** Korea Trade-Investment Promotion Agency 코트라,
   대한 무역투자 진흥공사

□ **KPC** Korea Productivity Center 한국생산성본부

□ **KAIST** Korea Advanced Institute of Science and Technology 카이스트,
   한국과학기술원 – 학·석·박사과정의 학생을 양성하는 교육기관

□ **L/C** Letter of Credit 신용장

□ **MBA** Master of Business Administration 경영관리학 석사학위

□ **MOU** Memorandum Of Agreement 양해각서

□ **OA** Office Automation 사무자동화

□ **OECD** Organization for Economic Cooperation and Development
   경제협력 개발기구

□ **ONTA** Office of National Tax Administration 국세청

□ **PR** Public Relation 홍보

□ **PER** Price Earning Ratio 주가수익비율
   (주가를 주당 순이익으로 나눈 값)

□ **ROA** Return On Assets 총자산 순이익률
   (당기순이익을 총자산으로 나눈 비율)

□ **ROE** Return On Equity 자기자본 이익률
   (자기 자본에 대한 기간 이익의 비율)

□ **QC** Quality Control 품질관리

□ **R&D** Research and Development 연구개발

□ **SMC** Small and Medium-sized Company 중소기업

□ **USTR** United States Trade Representatives 미국 무역대표부

□ **VAT** Value Added Tax 부가가치세

3 방송

□ **ABC** Audit Bureau of Circulations 신문잡지 부수 공사기구
□ **AP** Association Press 미국 최대 통신사
    AFP Agence France–Presse 프랑스 유일의 통신사
    UPI United Press International 미국의 통신사
□ **BBC** British Broadcasting Corporation 영국방송협회
    KBS Korean Broadcasting System 한국방송공사
    MBC Munhwa Broadcasting Corporation 문화방송
    SBS Seoul Broadcasting System 서울방송
□ **CCTV** Closed Circuit Television 폐쇄회로 텔레비전
□ **CM** Commercial Message 광고방송
    DM Direct Mail 광고주가 선정한 목록을 근거로 특정 개인 앞으로 직접 우편물이나 메시지를 전하는 것
□ **CNN** Cable News Network 미국의 24시간 뉴스 전문 유선망
□ **DMB** Digital Multimedia Broadcasting 디지털 멀티미디어 방송
□ **HDTV** High Definition Television 고화질 텔레비전
□ **IPI** International Press Institute 국제언론인협회
□ **NIE** Newspaper In Education 신문을 이용한 교육
    IIE Internet In Education 인터넷을 이용한 교육

- NYT the New York Times 뉴욕타임스(미국의 유력 일간지)
- WP the Washington Post 워싱턴포스트(미국 워싱턴에서 발행되는 조간신문)
- WSJ the Wall Street Journal 월스트리트저널(미국 제일의 경제전문지)
- UCC Universal Copyright Convention 세계저작권협약
- WAN World Association of Newspapers 세계신문협회
- YTN Yonhap Television News 연합통신

4 스포츠

□ **FA** Free Agent 자유계약선수
□ **FIFA** Federation Internationale de Football Association 피파, 국제축구연맹

　　AFC Asian Football Confederation 아시아 축구연맹

　　KFA Korea Football Association 대한축구협회
□ **IOC** International Olympic Committee 국제올림픽위원회

　　NOC Notional Olympic Committee 국가올림픽위원회
□ **KBL** Korean Basketball League 한국농구연맹
□ **KBO** Korea Baseball Organization 한국야구위원회
□ **ML** Major League 메이저리그

　　(미국프로야구의 내셔널리그와 아메리칸리그를 묶어서 일컫는 말)
□ **MVP** Most Valuable Player 최우수선수

　　VIP Very Important Person 중요인물, 귀빈
□ **NBA** National Basketball Association 미국프로농구협회
□ **NFL** National Football League 프로미식축구리그

5 컴퓨터 & 통신

- **BBS** Bulletin Board System 전자게시판
- **BPS** Bits Per Second 1초당 전송할 수 있는 비트(bit) 개수로 나타내는 통신 속도 단위
- **CAD** Computer Added Design 컴퓨터를 이용한 설계
  Computer Added Manufacturing 컴퓨터에 의한 생산
- **CPU** Central Processing Unit 중앙연산처리장치
- **DB** Data Base 데이터베이스
  (여러 사람이 공유할 수 있도록 통합 관리되는 정보의 집합)
- **DVD** Digital Video Disk 디지털 기술을 이용해서 영상 및 음성기호를 압축, 기록하는 광 디스크
- **EDI** Electronic Data Interchange 기업간의 거래에 관한 데이터와 문서를 표준화하여 컴퓨터 통신망을 통해 거래 당사자가 직접 송·수신하는 정보전달 시스템으로 전자상거래의 한 형태입니다.
- **E-Mail** Electronic Mail 전자우편
- **IP** Internet Protocol 인터넷 통신망을 연결하는 규칙
  Information Provider 통신망을 통하여 정보를 제공하고 사용료를 받아 운영하는 업체
- **LCD** Liquid Crystal Display 액정표시장치
- **NOS** Network Operating System 통신망운영체계
- **OCR** Optical Character Reader 광학문자판독기
- **PCS** Personal Communication Services 개인휴대통신
- **PDA** Personal Digital Assistants 개인휴대정보단말기

□ **P2P** Peer to Peer (피투피) 서버를 거치지 않고 컴퓨터에 저장된 파일을 공유하는 기술

□ **VDT** Vedio Display Terminal 영상단말기

□ **VOD** Video On Demand 주문형영상서비스

□ **WWW** World Wide Web 월드와이드웹(인터넷 정보검색 서비스의 이름)

   HTTP Hypertext Transfer Protocol 인터넷에서 하이퍼텍스트 문서를 교환하기 위해 사용되는 통신규약

   FIP File Transfer Protocol 인터넷상에서 한 컴퓨터에서 다른 컴퓨터로 파일전송을 지원하는 통신규약

□ **URL** Uniform Resource Locator 인터넷상에 있는 각종 정보들의 위치를 표시하는 표준

□ **HTML** Hypertext Markup language 월드와이드 웹에서 하이퍼텍스트 문서를 만들기 위하여 사용되는 기본언어

영자신문에 자주 등장하는 용어

□ **Anti-Prostitution Law** 윤락방지법
□ **Construction and Transportation Ministry** 건설교통부
□ **Civil Act** 민법조항

   Criminal Act 형법조항
□ **Foreign Exchange Control Law** 외환관리법
□ **Intellectual Property Rights** 지적재산권
□ **Korea Education Development Institute** 한국교육개발원
□ **Korean Confederation of Trade Unions** 민주노총(전국민주노동자총연맹)
□ **Minor Offensive Law** 경범죄
□ **Miranda Principle**

   미란다 원칙 : 검찰과 경찰이 피의자를 구속하거나 자백을 받기 전에, "당신은 묵
   비권을 행사할 수 있으며, 당신의 진술은 법정에서 불리한 증거로 사용될 수 있고,
   변호사를 선임할 권리가 있습니다."라고 피의자의 권리를 통고해 주는 것

□ **Mr. Right** 나에게 맞는 남자
□ **National Health Promotion Law** 국민건강증진법
□ **National Institute for Scientific Investigation** 국립과학수사연구소
□ **North Korean Workers' Party** 북한노동당
□ **Public Hygiene[Sanitation] Law** 공중위생법

Part 3
실용 영단어

일상 용어

☐ 나비효과 **butterfly effect** 나비의 날개 짓과 같은 아주 작은 변화가 확대되어 폭풍우가 된다는 이론으로 카오스를 처음 발견한 미국의 기상학자인 로렌츠가 처음으로 사용하였습니다.

☐ 레임덕 **lame duck** "절름발이 오리"라는 뜻으로 '공직자의 임기 말 권력누수현상'을 말합니다.

☐ 레포츠 **leisure + sports** "레저+스포츠"의 콩글리시 – 여가를 즐기면서 신체를 단련할 수 있는 운동

☐ 로드맵 **road map** "어떤 일을 추진할 때 앞으로의 계획, 전략, 비전 등을 담은 기본 계획서, 청사진"을 말하며, 단어 그대로의 뜻은 '도로지도'이다.

☐ 로드쇼 **road show** 투자설명회 – 주요도시를 순회하면서 투자자들에게 발행기업, 발행유가증권에 대한 정보제공 및 홍보활동을 하는 것; 연극의 중앙공연에 앞서 지방 대도시를 돌면서 하는 순회공연; 영화의 경우 일반 상영에 앞서 대도시 특정 극장에서 하는 특별상영 등을 말합니다.

□ 리모델링 **remodeling** 낡고 오래된 아파트나 빌딩 등을 현대감각에 맞게 최신유행 구조로 바꿔주는 개보수작업으로 renovation(리노베이션), reform(리폼)이라고도 합니다.

→ How much did the **remodeling** cost you?

리모델링 비용은 얼마나 들었습니까?

□ 리바이벌 **revival** (영화, 연극의) 재상연, 재상영; 대중가요를 다시 부르는 일; 재생, 부활

•참고• **remake**(리메이크)와 **revival**(리바이벌)의 차이점

리메이크는 이미 발표되었던 곡을 다른 음악가가 자신의 느낌으로 재해석해서 앨범을 다시 만들므로 원곡과 리듬, 분위기가 상당히 다른데 반해 **리바이벌**은 이미 발표되었던 곡이 다시 인기를 얻거나 같은 음악가에 의해 원곡이 다시 발표되어 불리어지므로 리듬이 같고 분위기 또한 비슷합니다.

컴필레이션(compilation) **음반** : 여러 가수의 히트곡을 한꺼번에 모은 편집 앨범.

□ 린치 **lynch** 법절차에 의하지 않고 사사로이 가하는 폭력 등의 형벌

cf. **fraksiya** 프락치(첩자, 정보원)(informant)

□ 마스트플랜 **master plan** 기본 계획, 종합 계획

→ IT master plan 정보화 마스트플랜

□ 마애스트로 **maestro** (예술의) 거장; 대음악가, 대작곡가, 명지휘자

cf. **metro** 매트로 대도시, 수도권

□ 마이다스 **Midas** 미다스(손에 닿는 모든 물건을 황금으로 변하게 한 왕); 큰 부자

→ the Midas touch 돈벌이 재주

□ 마케팅 **marketing** 상품의 제조계획, 시장조사, 가격정책, 유통, 광고 등을 포함한 최종판매까지의 전 판매활동을 말합니다.

　　cf. **web marketer** 웹 마케터 – 웹 비즈니스의 3대 요소인 커뮤니티 (community), 콘텐츠(contents), 커머스(commerce)를 활성화시켜 판매를 높이기 위한 사이버상의 마케팅업무를 책임지는 사람

　　　 brand marking 브랜드마케팅 – 브랜드의 이미지와 가치를 높여 판매를 높이려는 판매전략

　　　 demarketing 디마케팅 – 자사 상품의 수요를 의도적으로 줄여서 수익의 극대화를 꾀하는 마케팅전략

　　　 remarketing 리마케팅 – 수요가 포화상태이거나 감소하는 상품에 대한 소비자의 욕구나 수요를 다시 창출하는 마케팅 전략

　　　 network marketing 다단계 마케팅

　　　 market share 시장점유율(M/S)

□ 머천다이징 **merchandising** 상품화계획, 효과적인 판매촉진책 즉 과학적 방법으로 수요에 적합한 상품, 서비스를 적절한 장소, 시기에 적정한 가격으로 유통시키는 일련의 마케팅전략을 말합니다.

□ 멘토링 **mentering** 현장훈련을 통한 인재육성활동으로 회사업무에 대한 풍부한 경험과 전문지식을 가진 사람(멘토 mentor 조언자, 지도교사, 선도자)이 구성원(멘티 mentee)을 지도, 조언하면서 실력과 잠재력을 개발·성장시키는 조직의 생산성 향상 활동으로 후견인 제도가 대표적인 경우입니다.

□ 멀티플렉스 **multiplex** 복합상영관(영화상영관, 쇼핑센터, 식당 등을 한 건물 내에 갖춘 복합건물)

□ 벤치마킹 benchmarking 기업이 특정분야에서 뛰어난 업체의 제품이나 경영, 마케팅 등을 분석하여 자사의 경영, 마케팅에 이용하는 일을 일컫습니다.

→ In business, **benchmarking** is a process in which a company compares its products and methods with those of the most successful companies in its field, in order to try to improve its own performance. 비즈니스 상에서의 벤치마킹이란 자기 회사의 영업성과를 높이기 위한 노력의 일환으로 한 회사가 자신의 제품과 (마케팅) 방법들을 그 분야에서 가장 성공적인 회사의 그것들과 비교하는 (일련의) 과정을 말한다. **performance 실행; 성과, 성적; (기계의) 성능; 상연, 연기

□ 부메랑 boomerang 오스트레일리아 원주민의 무기로 던지면 곡선을 그리면서 던진 사람에게 되돌아오는데 여기서 "자업자득이 되는 것"이라는 비유표현이 생겨 났습니다. → **boomerang effect** 부메랑 효과 – 선진국이 개발도상국에 경제원조나 투자를 하여 제품생산을 한 결과 그 제품이 자국의 수요를 충족시키고도 남아, 다시 선진국으로 역수출되어 선진국의 제품과 경쟁을 하게 되는 현상을 말합니다.

□ 블루오션 blue ocean
고객들에게 차별화된 새로운 가치를 제공함으로써 새로운 시장을 만들고 선도자로서 입지를 굳힐 수 있는 초기의 경쟁이 별로 없는 시장의 경우를 말합니다.

□ 레드오션 red ocean
이미 경쟁자가 있을 만큼 있고 공급 또한 과다하여 기업들끼리 피 튀기게 경쟁하는 시장의 경우를 말합니다. (휴대폰 시장)

□ 빅뱅 big bang 원래는 "우주를 탄생시킨 대폭발"을 의미하지만 금융에서는 "금융혁신이나 금융자본의 집중과 거대화현상이 급속도로 진행되는 것"을 말합니다. → **big bang theory** 빅뱅론 – 대폭발설 : 우주가 태초에 대폭발로 시작되었다는 이론

☐ 서포터즈 **supporters** 어떤 팀과 하나의 일원으로 발전하기 위해서 지원하고 지
지하는 사람들의 모임(붉은 악마가 대표적인 예); 지원자, 후원자
cf. **cheerleader** 치어리더 – 관중의 응원을 유도하여 이끄는 응원단원

☐ 스토킹 **stalking** 좋아하는 사람, 특히 유명연예인이나 운동선수들을 따라다니
며 귀찮게 하거나 괴롭히는 것. →Cyber‑stalking 사이버 스토킹
cf. **파파라치 paparazzi**는 이태리어로, 유명 인사들을 뒤쫓아 다니며 불륜
현장 등 사회적 sensation(반향)을 일으킬 수 있는 장면을 촬영해 신문사,
잡지사 등에 고액을 받고 팔아넘기는 프리랜서 사진작가를 말합니다.

☐ 아웃바운드 **outbound** 텔레마케팅의 한 형태로 콜 센터에서 고객에게 직접 정보
발신을 행하는 것을 말하며, 반대로 고객에게서 온 전화를 콜 센터에서 받아
처리하는 것을 **인바운더**(inbound)라고 합니다.

☐ 아웃사이드 **outsider** 외부인; 따돌림 당하는 사람 즉 사회적, 경제적, 문화적 등
등에서 테두리가 설정되어 있는 경우 그 테두리 밖에 있는 사람을 말하는데
"그 분야의 전문지식이 없는 문외한, 경제 카르텔을 맺을 경우 가입하지 않는
기업, 경마에서 이길 가능성이 없는 말"등을 가리킵니다.
opp. 인사이드 **insider** – 내부사람, 회원; 소식통

☐ 아웃소싱 **outsourcing** 기업 내부의 프로젝트를 외부업체에 맡겨서 처리하거나
외부 전산전문 업체가 고객의 정보처리 업무를 운영 관리하는 것을 말하는데
쉽게 말해 '외주'로 보면 됩니다.
→Business Process Outsourcing(BPO) 업무처리아웃소싱 – 회사의 업무
처리 전 과정을 외주업체에 맡기는 방식

☐ 올인 **All in** 도박에서 쓰는 용어로 "100% 확신하여 자신의 판돈을 전부
그곳에 건다."는 의미로, 우리가 흔히 사용하는 "~에 올인한다"라고 하면
"~에 모든 것을 다 건다"라고 생각하면 됩니다.

□ 캐치프레이즈 catch phrase 타인의 주의를 집중시키기 위한 기발한 문구; (짧은) 유행어; (선전) 표어 cf. **slogan** 슬로건 – 어떤 단체, 정당 회사 등이 자신의 주의, 주장, 광고 등을 짧은 말로 나타낸 것. **campaign** 캠페인 – (어떤 문제에 대하여 대중을 상대로 조직적, 지속적으로 펼치는) 운동; 선거운동

→ a sales campaign 판매운동

negative campaign 상대방 비방 선거운동

□ 커밍아웃 coming-out 동성애자들이 자신의 성정체성을 공개적으로 드러내는 일; (상류계급 여성의) 사교계의 데뷔

•참고• coming(오는, 다가오는, 전도유망한) → becoming(어울리는, 알맞은(suitable))

→ forthcoming(곧 올, 다가오는; 출현) → incoming(들어오는; 수입, 소득)

→ oncoming(접근하는, 새로 나타나는) → upcoming(다가오는, 곧 나올)

→ shortcoming(결점, 단점)

→ an oncoming car 앞에 다가오는 차

the oncoming generation of leaders 차세대지도자들

I am well aware of my **shortcomings**. 나 자신의 결점은 내가 잘 알고 있다.

□ 코디 coodi **coordination**(코디네이션)의 줄임말로 의상, 가구 등에서 색깔, 디자인, 소재가 잘 조화될 수 있도록 조언하고 조정하는 일을 말합니다. 이러한 일을 하는 사람을 coordinator(코디네이터)라고 합니다.

□ 콘텐츠 contents (어떤 것의) 내용, 아이디어, 테마; 인터넷이나 컴퓨터 통신을 통하여 제공되는 각종 정보나 그 내용물을 뜻합니다.

→ the table of contents 차례, 목차

digital[multimedia] contents 디지털[멀티미디어] 콘텐츠

□ 클러스터 cluster 송이, 다발(bunch); 집단(group); '생산업체, 부품업체, 금융업체, 협회, 연구소 등이 일정한 지역에서 전략적 제휴를 맺고 부가가치를 창출하는 산업집적지역'을 말합니다.

☐ 텔레마케팅 **telemarketing** 컴퓨터의 고객명부와 연계하여 전화를 자동발신하거나 걸려온 전화를 tele-marketer에게 균등하게 배분하는 ACD (Automatic Call Distribution) 기능을 이용한 상품소개 및 판매, 시장조사, 고객관리를 행하는 마케팅기법을 말합니다.

> •참고• CRM 고객관계관리(Customer Relationship Management)

☐ 패러다임 **paradigm** 어느 한 시대나 분야에서 지배적인 사고의 틀이나 과학적 인식방법의 체계를 말하나 기존의 패러다임은 새로운 패러다임으로 대체되고 오늘날에는 다양한 분야에서 패러다임이라는 용어를 사용하고 있습니다.

→time of paradigm shift 패러다임 변화의 시대

a paradigm for us to copy 우리가 모방할 범례

☐ 펀드 **fund** 어떤 특정한 목적을 위해 모아둔 돈 – 자금, 기금; 주식 등의 유가증권에 투자하기 위해 조성된 투자자금을 말합니다.

→a retirements fund 퇴직기금

International Monetary Fund 국제통화기금(IMF)

cf. **cash** 현금, **check** 수표

> •참고• **헤지 펀드**(hedge fund) : 소수의 고액투자자들로부터 자금을 모아 고위험, 고수익을 낼 수 있는 상품에 투자하는 투기자본을 말합니다.
> **뮤추얼 펀드**(mutual fund) : 다수의 소액 투자자들로부터 자금을 모아 펀드 매니저가 주식이나 채권 등에 대신 투자해 주는 상품으로 개방형(언제든지 환매가능)과 폐쇄형(만기 이전에는 환매 불가능)이 있습니다. ** **hedge** 울타리; 장벽; 양다리 걸치기; 위험분산 → a hedge of convention 인습의 장벽 **mutual** 서로의, 상호의; 공동의 → mutual respect 상호존경
> **fund manager** 펀드메니저–투자신탁·보험회사 등의 재산운용담당자, 투자 담당자

☐ 페미니즘 **feminism** 남녀동등권 주장주의, 여권확장주의

☐ 포트폴리오 **portfolio** "서류 가방, 화집, 작품모음집"이란 뜻으로, "자신의 경력들을 파일에 정리하는 것", "운용, 보유하고 있는 사업, 자산, 제품구성, 투자 목록"을 말하는 단어입니다.

2 우리말처럼 쓰는 용어

□ 가이드라인 **guideline** (정책 등의) 지침, 지표; 윤곽선
  →guideline on future policy 장래 정책의 지침

  > **•참고•** sideline 경기장 양쪽에 그어진 선 pipeline 송유관
  > skyline 지평선, 하늘에 그어진 윤곽 outline 아웃라인―사물의 윤곽; 대충의 줄거리

□ 개런티 **guarantee** (연예인들의) 출연료; 보증, 지급보증
  →**a money-back guarantee** 환불보증 러닝 개런티-영화에 흥행에 따라(관객 수에 따라) 추가로 받는 출연료

□ 갤러리 **gallery** 미술관; (경기의) 관중; 방청객
  →the National Gallery 국립미술관

□ 게이트 **gate** (공항의) 탑승구; (경마의) 출발문: 요금징수소; ～가 되는 길; 정치 권력형 대형비리나 의혹사건
  →the gate to stardom 스타가 되는 길
  Watergate 워터게이트-워싱턴 D.C.에 있는 민주당 본부건물에 도청장치를 한 정보활동으로 미국의 닉슨 대통령이 사임하게 만든 사건

□ 글로벌 **global** 세계적인(worldwide), 전 세계에 걸친; 전체적인
  globalization (기업의) 세계화, 세계적인 규모화
  →global business 세계 경기 global surveillance system 총괄 감시 장치

☐ 내레이터 narrator 해설자, 이야기하는 사람 **narrate** 순서대로 이야기하다
　→**narrator model** 행사장에서 관람객을 안내하고 행사내용을 설명하는
　전문직업인

☐ 네거티브 negative 부정적인; 소극적인 opp. **positive** 포지티브 – 긍정적인;
　적극적인 →a negative response to the question 그 질문에 대한 부정적인
　대답

일상생활에서 자주 사용하는 형용사

abject 초라한, 비참한 | amiable 상냥한, 붙임성 있는 |
arrogant 오만한, 거만한 | beautiful 아름다운 | charming 매력적인 |
conspicuous 저명한, 명백한 | corrupt 부패한, 타락한 |
dainty 우아한, 품위 있는 | elegant 우아한, 멋진 | excellent 우수한, 탁월한 |
exquisite 절묘한, 아주 아름다운 | extravagant 사치스런, 낭비하는 |
fine 훌륭한, 가느다란 | glamourous 매력에 찬 | graceful 우아한, 품위 있는 |
innocent 죄 없는, 결백한 | magnificent 훌륭한, 우수한 |
outspoken 솔직한 | pretty 예쁜, 귀여운 | sexy 성적매력이 있는 |
sociable 사교적인 | supreme 최고의, 더할 나위 없는 | upright 정직한, 고결한

☐ 네고 nego **negotiation**의 줄임말로 무역에서는 신용장이나 계약서에서 요구
　하는 서류(운송서류, 송장, 원산지증명서, 포장명세서, 환어음 등)를 은행에서
　먼저 사주는 것을 말하며, 사전적 의미는 협상, 교섭; (어음 등의) 양도, 유통
　입니다.
　negotiate 협상하다, 교섭하다 **negotiator** 협상자, 교섭자
　→be in the negotiation 협상중이다 under negotiation 협상중

☐ 노하우 knowhow 비법, 기술정보
　→technical knowhow and skill 기술적 정보와 기술

□ 니즈 **needs** (마케팅에서의 소비자의) 필요, 욕구

→**wants** 니즈보다 구체화된 선호가 포함된 니즈

demands 원츠를 바탕으로 한 구체적인 요구(실재 구매, 금전 지불…)

□ 다운타운 **downtown** 시내 중심가; 상가, 상업지구(opp. **uptown** 주택지구)

→move from downtown to uptown 상가에서 주택지구로 이사하다

□ 다이내믹 **dynamic** 역동적인, 활동적인, 역학의

→dynemic city, Seoul 역동적인[활기찬] 도시, 서울

dynamic engineering 기계공학

□ 다이렉트 **direct** 똑바른, 직접의, 솔직한(opp. **indirect** 간접적인)

→direct marketing 중간상을 배제하고 소비자에게 직접 판매하는 것

direct mail advertising 직접우송광고

□ 다이어트 **diet** (체중조절을 위한) 규정식, 식이요법; 체중감량에 적당한

→All you need to do is go on a **diet**.

너에게 필요한 것은 다이어트 하는 것이다.

a meat[vegetable] diet 육식[채식]

참고 slim (체격이) 호리호리한, 날씬한 **fat** 지방; 비만 **physical** 피지컬; 육체의, 신체의
a physical checkup 건강진단 **fitness** 피트니스 fitness test 체력테스트
fitness center 근육단련을 위한 운동시설을 갖춰 놓은 체력 단련실
barbell 역기 dumbbell 아령 treadmill 러닝머신 workout; exercise 운동

□ 다이제스트 **digest**(저작물의 내용을 요점만 간추린) 재편집물, 요약; 소화하다

digestion 소화(opp. **indigestion** 소화불량)

→Reader's Digest 리더스 다이제스트

I suffer from **indigestion**. 나는 소화불량이다.

□ 데드라인 **deadline** 원고마감시한, 최종기한 cf. **finish line** 결승선
→the deadline for paying one's income tax 소득세의 납기
pass the deadline for application 신청 마감시한을 넘기다

□ 데스크 **desk** (호텔, 회사 등의) 프런트(front desk); (신문의) 편집부
→information desk 안내소 front desk (호텔의) 접수대

□ 데커레이션 **decoration** 장식, 꾸미기; 훈장 pl. 장식물
→interior decoration 실내장식
Christmas decorations 크리스마스 장식

□ 도큐먼트 **document** 문서, 서류 **documentary** 다큐멘터리, 기록영화
→an official[a public] document 공문서
classified documents 기밀서류 document of shipment 선적서류

□ 디스카운트 **discount** 할인(하다)
→discount period 할인기간(term of discount)
discount price 할인가격 full-line discount store 종합할인점

□ 디스커버리 **discovery** 발견 **discover** 발견하다(find out)
→a remarkable discovery 주목할 만한 발견

□ 디스플레이 **display** 진열, 전시; 표시하다, 진열하다
→Flat Panel Display(FPD) 평판디스플레이
a display of fireworks 불꽃놀이 display goods 상품을 진열하다
cf. 어레인지 **arrange** 배열하다; 정돈하다; 준비하다; 편곡하다

□ 디스커션 **discussion** 토론, 토의(debate)

　→ round-table discussion 원탁토의

　cf. **dispute; controversy** 논쟁

□ 딜레마 **dilemma** 궁지, 곤경; 진퇴양난

　→be in a dilemma 궁지에 빠져 있다

　　fall into a dilemma 궁지에 빠지다

□ 라벨 **label** (상품명, 가격, 제조원 등을 적어 제품에 붙이는) 꼬리표, 표찰

　→I appended a **label** to a trunk. 나는 트렁크에 꼬리표를 붙였다.

□ 라운지 **lounge** (호텔 등의) 로비; (클럽 등의) 휴게실

　The building has a nice aquarium and sky **lounge.**

　그 빌딩에는 멋진 아쿠아리움과 스카이라운지가 있다.

□ 라이벌 **rival** 경쟁자, 적수 **rivalry** 경쟁, 대항

　→without a rival 무적으로 rival lovers 연적

　　a strong sense of rivalry 강한 경쟁의식

□ 라이브 **live** (방송, 음악 등이) 녹화가[녹음이] 아닌; 생생한

　→a live satellite telecast 위성생중계 live cafe 라이브 카페

　cf. 리빙 **living** 살아있는, 현대의; 생활(의)

　→living English 현대영어

　　living expenses 생활비 urban[suburban] living 도시생활[교외생활]

□ 라이센서 **license** 허가, 인가; 면허(증)

　→under license 허가를 받고 driver's license 운전면허증

□ 라인 **line** 선, 줄; (버스, 기차 등의) 노선, 항로; 짧은 편지(note); 계열, 계통; 방침, 주의; 장사, 직업(trade; profession)

→a line of trees 가로수 the up[down] line 상행선[하행선]

line and staff organization 직계참모조직

a neutral policy line 중립정책방침

What's your **line**? 직업이 무엇입니까?

> **참고** **waistline** 허리둘레; (여자 옷의) 둘레선
> →Her **waistline** increased with age.
> 나이와 더불어 그녀의 허리둘레가 늘었다.
> 몸매 = **figure; shape; form**
> → have a nice **figure** 몸매가 예쁘다
> 각선미 = the beauty of leg lines
> cf. **mainline** 몰두하다, 푹 빠지다; (마약을) 정맥에 주사하다
> **main line**(도로 등의) 본선; 정기항공로

□ 레슨 **lesson** 학과, 수업; 교훈; 훈계

→five piano lessons a week 일주일에 5번의 피아노 레슨

give[read; teach] a person a lesson ~에게 훈계하다

cf. **lessen** 줄이다, 작게 하다(diminish)

> **참고** 질책하다 = reproach, rebuke, reprimand, reprove, chide, scold

□ 랜드 **land** 땅; 육지; 나라

landscape 경치, 풍경; 조경; 도시계획사업 **landscaping** 정원공사

→arable[barren] land 경작지[불모지]

□ 랜드마크 **landmark** 경계 표지, 이정표; 획기적인 사건

→an instantly rocognizable landmark 즉시 식별할 수 있는 표지물

□ 랩 **wrap** 싸는 것, 포장지; 싸다

cf. 랩 **rap** 수다, 잡담; 톡톡 두드림; 강렬한 리듬에 맞춰 가사를 읊듯이 노래하는 팝음악의 한 형식 **rapper** 래퍼

□ 럭셔리 **luxury** 고급품(의), 사치품(의); 사치
 →, a luxury car[hotel] 고급차[호화호텔]

□ 레벨 **level** (사회적, 정신적) 수준, 표준; 수평; 농도
 →, security level 보안등급 a level flight 수평비행
 →, a blood sugar level 혈당농도
 > **참고** 비기닝 **beginning**(초급의), 인터미디어트 **intermediate**(중급의),
 어드밴스트 **advanced**(고급의) → an advanced[a developed] country 선진국
 a developing country 개발도상국

□ 레볼루션 **revolution** 혁명; 대변혁; 공전
 →, Industrial Revolution 산업혁명
 the earth's revolution and rotation 지구의 공전과 자전

□ 레저 **leisure** 여가, 자유시간; 한가한(free), 레저용의
 →, leisure time 여가시간 leisure activities 레저활동

□ 레저베이션 **reservation** 예약; 보류
 →, **Reservations** required. 예약은 필수입니다.
 cf. 부킹 **booking** 일반적으로 reservation과 구별 없이 쓰이나, 도서나 테니
 스장, 골프장 등 운동에 관한 경우와 (배우의) 출연계약, 수출시 상선회
 사에 하는 예약에는 주로 부킹을 씁니다.

□ 레쥬메 **resume** 이력서 cf. **curriculum vitae**(영국)
 →, Your **resume** and cover letter are the most important part of any
 job application.
 이력서와 커버 레터는 취업에 있어서 가장 중요한 부분이다.

영문이력서 구성 요소

① Personal Identification 인적사항   ② Professional Objective 취업직종, 취업부서
③ Educational Background 학력사항   ④ Work Experience 경력
⑤ School Activities 학교활동   ⑥ Military Service 병역   ⑦ Skills 기술
⑧ Reward and Punishment 상벌   ⑨ References 추천인
⑩ I hereby certify the above statement to be true and correct in every detail.
저는 위의 진술이 사실이고 모든 세부 사항에서 정확함을 증명합니다.

☐ 레지던트 resident 전문의 실습생; 거주자, 주민, 숙박객
→Korean residents in Japan[America] 재일동포[재미동포]
a resident registration number 주민등록번호
cf. 인턴 intern (의사 시험에 합격 후 처음으로 병원에서 진료 분야의 경험을
쌓는) 수련의; 교육실습생, 인턴사원

☐ 레퍼토리 repertoire 상연종목, 연주곡목
→She has a large repertoire of popular songs.
그녀는 유행가 레퍼토리가 풍부하다.

☐ 렌탈 rental (자동차, 가전제품, 아파트 등의) 임대(물); 임대료 rent 지대,
임대료, 사용료; 임대하다, 임차하다
→Rental deposits are skyrocketing these days.
전세 값이 요즈음 폭등하고 있다.
For rent. 셋집[셋방] 있음. rent-a-car 임대자동차; 승용차 임대업
cf. 리스 lease – 임대차(계약)

☐ 로맨틱 romantic 낭만적인; 공상적인 romance 로맨스; 연애사건
→a romantic career 낭만적인 생애 office romance 사내연애

☐ 로비 lobby (호텔, 공공기관 등의) 홀; (특정조직의 이익을 목적으로 의회에
하는 공작활동인) 로비; 압력단체 lobbyist 로비스트; 중개상, 섭외자

→a hotel lobby 호텔로비 atrium lobby 중앙홀

□ 로션 **lotion** 외용물약, 세척제, 화장수
→eye lotion 안약 sunblock lotion 자외선차단 로션
moisturizing lotion 보습로션

□ 로스 **loss** 손실, 손해; 감소
→loss rate 손실률 loss of face 체면 손상 at a loss 당황하여
I am at a **loss** what to do. 나는 어찌할 바를 몰라 쩔쩔맸다.

□ 로열티 **royalty** 특허권, 기술 사용료; 저작권사용료; 왕위
→royalty contract[income] (기술료 등의) 사용료 계약[소득]
cf. infringement of patient right 특허권 침해
loyalty 충성, 성실→affirm one's loyalty 충성을 맹세하다

□ 로케이션 **location** 위치, 장소, 소재지; 야외촬영
→installation[backup] location 설치위치[백업위치]
be on location in Las Vegas 라스베가스에서 촬영중이다

□ 로터리 **lottery** 복권, 복권추첨; 제비뽑기
→a lottery ticket 복권
an instant lottery 즉석복권(scratch and win lottery ticket)

□ 로테이션 **rotation** 회전, 순환; 교대; 자전
→**job rotation** 사원들의 직무를 정기적으로 변화시켜서 여러 업무를 경
험하게 하는 인재육성의 방법
the earth's revolution and rotation 지구의 공전과 자전

□ 론 **loan** 대부(금)

→foreign loans 외채 loan application 대출신청서

□ 롤 **role** 역할, 임무; 배역

→play a key role in ∼ ∼에서 중추적인 역할을 하다

a parent's role 부모역할

play a double role 1인 2역을 하다

□ 룩 **look** (유행 등의) 형, 디자인, 복장; 용모; 봄

→**military look** 군대식 복장 **lingerie look** 속옷 느낌이 나는 복장

ethnic look 에스닉 룩 − 민족 고유의 복장에서 토속적인 분위기나 요소를 의상, 액세서리 등에 가미한 패션경향 **bike look** 모터사이클 선수들의 복장에서 볼 수 있는 디자인을 따온 패션 경향

cf. **outlook** 예측, 전망; 경관; 경계

□ 룸 **room** 방, 공간

→dressing[dining, living] room 분장실[식당, 거실]

cf. 홈 **home** 집, 가정 →a sweat home 단란한 가정

•참고• homeroom 홈룸 − 학급전원이 모이는 생활지도교실

□ 리더십 **leadership** 통솔력, 지도력

→leadership training 리더십 교육 the need for leadership 지도력 부족

cf. **readership** (신문, 잡지 등의) 독자수(층)

□ 리딩 **leading** 선도하는, 일류의, 주요한; 지도, 통솔 **leader** 지도자

→leading company 선도하는 기업 leading export 주요 수출품

•참고• lead 앞장서서 사람을 데리고 가다

guide 함께 다니며 안내하다

direct 길이나 방향을 가리키다

conduct 사람을 어떤 장소로 안내하다

☐ 리베이트 **rebate** "지급한 대금의 일부를 되돌려 주는 돈"으로 흔히 "뇌물"의 의
미로 쓰입니다.

→a sales tax rebate on high-value items 고가품에 대한 부가세 환불

cf. 커미션 **commission** (상거래에서 중개인이 받는) 수수료, 구전

☐ 리뷰 **review** 복습, 재조사, 재검토, 비평; (다시) 검토하다, 복습하다
(opp. **preview** 예습; 미리보기, 사전검토; (영화 등의) 시사회)

→review the lessons 학과를 복습하다 a review of movies 영화평

☐ 리서치 **research** 연구, 조사

→market research 시장조사

Research and Development 연구개발(R&D)

☐ 리셉션 **reception** 환영회, (공식) 파티; (통신) 수신율; 접견

→hold a reception 환영회를 열다

a wedding reception 결혼피로연

a reception room 응접실, 접견실

☐ 리스 **lease** (토지, 건물, 기계 등의) 임대차(계약)

→put to lease 임대하다 take on lease 임차하다

cf. 렌탈 **rental** (가전제품, 아파트, 자동차 등의) 임대차물; 임대의

렌트 **rent** 임대, 임차; 지대, 집세; (토지, 집 등을) 임대하다, 임차하다

☐ 리스닝 **listening** 듣기, 청취

→listening comprehension 듣고 이해하기

cf. reading comprehension 읽고 이해하기

•참고• reading 리딩, 읽기 **writing** 라이팅, 쓰기 **speaking** 스피킹, 말하기 **talking** 토킹, 대화
→ free talking 프리토킹 cf. talk show 토크 쇼

□ 리스크 **risk** 위험, (보험) 위험률

→take a risk 위험을 무릅쓰다

e-risk management 온라인 시스템의 활용이나 전자상거래 과정에서 발생하게 되는 여러 가지 위험(컴퓨터 바이러스, 고의적인 해킹, 시스템 고장, 내부자료 유출, 지적재산권 침해 등)을 관리하는 것을 말합니다.

□ 리스트 **list** 목록(catalogue); 명부, 명단; 일람표, 명세표

→a membership list 회원명부 a list of articles 물품목록

cf. **inventory** 재고품(목록), 재고조사

□ 리커버 **recover** (건강 등을) 회복하다, 되찾다; (폐기물 등을) 재생시키다

→recover one's health[consciousness] 건강을[의식을] 회복하다

`참고` **recover** 잃은 것, 빼앗긴 것을 되찾다
regain (적극적으로) 노력하여 되찾다
retrieve 노력하여 (잃은 것을) 만회하다
reclaim 미개척, 미가공의 것을 쓸모 있게 만들다

□ 리턴 **return** 귀환, 복귀; 답례; 보고(서); 수익

→return envelope 반신용 봉투 return match 복수전

small profits and quick returns 박리다매(S.P.Q.R.)

make one's income tax return 소득세 신고를 하다

□ 리포트 **report** (조사, 연구 등의) 보고(서)

→business report 사업보고서 a false report 허위보고, 오보

`참고` 우리나라 학생들이 "리포트"라고 하는 것은 영어로는 **paper**이고, 학기말 리포트는 **term paper**라고 합니다.

□ 리폼 **reform** 개혁; 개정

→economic[political; social] reform 경제[정치, 사회]개혁

cf. **rebirth** 부활

154

remake 리메이크-고쳐 만들다, 개조하다; 재제조, 개조
revamp 개조[혁신, 개혁]하다

□ 리허설 **rehearsal** (연극 등의) 시연, 총연습; 예행연습; 암송
　→a public rehearsal 공개시연 a full dress rehearsal 본무대 연습

□ 릴랙스 **relax** (긴장을) 풀다, (몸의) 힘을 빼다; 편하게 하다
　relaxation (긴장의) 이완; 휴양
　→Please relax! 좀 느긋해지세요.
　What do you do for **relaxation** after a day's work?
　일과 후 기분을 풀기 위해 무엇을 합니까?

□ 링크 **link** 연결, 유대, (사슬의) 고리, (도로의) 접속로; 연결하다, 잇다
　linkage 결합, 연쇄; 서로 다른 정치적 쟁점을 조정하기
　→the link of brotherhood 형제간의 유대

□ 마니아 **mania** 열광, ～광; 미친 사람(약간 부정적인 의미)
　→a mania for speculation 투기열
　The country has a **mania** for soccer. 그 나라는 축구에 열광적이다.
　•참고• 실제 미국에서는 **mania**보다는 **freak,buff**라는 단어를 사용합니다.
　　→ baseball freak 야구광 movie buff 영화광 ＊＊ **freak** 열광자, ～광; 이상현상; 기형; 변덕

□ 마이크로 **micro** 아주 작은 것, 초미니스커트; 극소의
　→microcrack 미세균열 microrocket 실험용 극소형 로켓
　opp. 메크로 **macro** 대형의, 대규모의; 거시적인

□ 마인드 **mind** 정신, 직업의식, 자부심; 지성
　→mind and body 심신 will, emotion and mind 의지, 감정 및 지성
　mind control 마인드 컨트롤-자신의 마음과 정신을 통제하고 조절하는 일

☐ 마일리지 **mileage** (일정 열량에 의한) 자동차의 주행거리, 비행기로 일정거리 이상을 여행한 경우 항공권, 숙박권 등을 무료로 주는 경우나, 쇼핑시 일정 금액이나 점수를 적립시켜 주는 등의 판촉 프로그램을 말합니다.
→**mileage service** 고정고객확보를 위한 항공사 등의 판매촉진 프로그램

☐ 매거진 **magazine** 잡지; 창고; 탄약고; 필름 통
→a weekly[monthly] magazine 주간잡지[월간잡지]
magazine gun[rifle, pistol] 연발총
cf. 웹진 **webzine** "web+magazine"의 합성어로 "인터넷상의 웹 베이스의 잡지"를 말합니다.

☐ 매뉴얼 **manual** 안내서(guidebook; handbook), (사용안내) 소책자; 손의
→computer manuals 컴퓨터 사용설명서
a manual gearshift (자동차의) 수동기어

☐ 매니저 **manager** 경영자, 지배인; 감독; 부장; (연예인) 매니저
management 경영, 관리 **manage** 경영하다; 이럭저럭 해내다
→a general manager 총지배인 sales manager 영업부장
a stage manager 무대감독 operations manager 업무팀장

☐ 매직 **magic** 마술, 요술; 마술의, 매력적인 **magician** 마술사
→Come to the **magic**. 마법의 세계로 오세요.

☐ 매치 **match** 경기, 짝, 결혼상대; 어울리다
→title match 타이틀 매치, 선수권시합
Your tie **matches** well with your coat.
당신의 상의는 코트와 잘 어울린다.

☐ 메디컬 **medical** 의학의, 의료의; 건강진단의
　　→Emergency Medical Services System 응급의료 서비스기관
　　　a medical certificate 진단서

☐ 메시지 **message** 전갈; 서신; (대통령의) 공식메시지
　　→a congratulatory message 축전
　　　text message 문자메시지

☐ 메이크업 **makeup** 화장; (배우의) 분장; 화장품(cosmetics);
　　구성(organization; constitution; composition; lineup)
　　→freshen one's makeup 화장을 고치다
　　　the makeup of a committee 위원회의 구성

☐ 메인 **main** 주요한, 주요부분을 이루는; (수도, 등의) 본관
　　→a main street[office] 중심가[본점]
　　　main clients 주요 고객 water mains 수도본관

☐ 멘탈 **mental** 마음의, 정신적인(opp. **physical** 육체의, 물질의)
　　→a mental worker [laborer] 정신노동자 (opp. a manual worker
　　　[laborer] 육체노동자) mental test 심리테스트

☐ 멤버십 **membership** 회원, 총회원수 **member** (집단의) 일원
　　→membership card[fee] 회원증[회비]
　　　qualification for membership 회원의 자격

☐ 모기지 **mortgage** 저당; 대출; 융자
　　→**mortgage loan** 모기지론 – 주택을 담보로 장기간 대출해 주는 제도

□ 모니터 **monitor** (방송국, 신문사, 기업체로부터 의뢰를 받고) 방송프로나 신문 기사, 제품 등에 대하여 의견을 내는 사람; 방사능 오염 감시 장치, (TV, 컴퓨터의) 모니터, 반장; 감시하다
→We have to **monitor** and control all of the illegal photos on homepage, blog, and bulletin board. 우리는 홈페이지, 블로그, 게시판의 온갖 불법 사진들을 감시하고 통제해야 한다.

□ 모델 **model** 모형, 모델; 본,본보기
→ the 2024 model of a car 2024년형 자동차
Make him your **model**. 그를 본보기로 삼아라.

□ 모드 **mode** (옷 등의) 최신 유행형; 방식, 방법; 양식; (음악) 음계
→ in mode 유행하는 out of mode 유행이 지난
a modern mode of life 현대적인 생활방식
the major[minor] mode 장음계[단음계]

□ 모던 **modern** 현대의; 현대식의, 최신의(up-to-date)
→ modern technology[medicine, art] 현대기술[의학, 예술]
a building in modern style 현대식 건물

□ 모랄 **morale** 사기; (근로 등의) 의욕; 기풍
→ improve the morale 사기를 높이다
the morale[spirits] of a school 학교의 기풍
cf. 모럴 **moral** 도덕의, 품행이 방정한; 교훈, 품행
→ moral hazard 도덕적 해이 moral duties 도덕적인 의무

□ 모바일 **mobile** (물건이) 이동할 수 있는; 이동전화
→ mobile[cellular] phone 휴대전화

158

mobile office 모바일 오피스 – 이동 사무실

이동통신기기를 이용해 사내 컴퓨터네트워크에 접속함으로서 외부에서 (이동하면서) 회사업무를 처리하는 것을 말합니다.

mobile home 모바일 홈 – 레저용 지프 차, 이동 가능한 간이주택

참고 mobile business 모바일 비즈니스 – 모바일 컨텐츠(게임, 방송, 교육, 이동통신 등), 모바일 솔루션(모바일 플랫폼, 멀티미디어 지원, 3D지원, 압축기술 등)의 모바일 환경에서 네이트 드라이브 등의 타사와의 연계를 통하여 경영[마케팅] 활동을 하는 것을 말합니다.

☐ 모토 motto 좌우명, 표어

→ "Quality first" is our **motto**. 품질 최우선이 저희 회사의 모토입니다.

   a motto for school discipline 교훈

☐ 모티베이션 motivation 동기부여; 자극

→ buying motivation research 구매동기조사

   leadership, self-confidence, motivation, flexibility, business judgment, determination

   리더십, 자신감, 동기부여, 융통성, 사업판단력, 결단력

☐ 모티브 motive 동기, 근본원인; (작품의) 주제

→ a motive of the crime 범죄의 한 동기

☐ 몰 mall (자동차를 못 들어오게 하는) 보행자 전용의 상점가, 쇼핑몰

→ Internet[Cyber] shopping mall 인터넷 쇼핑몰

☐ 미니어처 miniature 축소모형, 세밀화, 소형카메라; 소형의

→ miniature Christmas trees 미니 크리스마스트리

   a portrait in miniature 미세화의 초상

□ 미디어 **media** (전달의 수단이 되는 신문, 잡지, 방송 등의) 매체

→ **mass media** 매스미디어 – 매스커뮤니케이션, 매스컴(대량전달)을 하기 위한 기술적인 수단[매체] 즉, 방송, 신문 등을 말합니다.

multimedia 멀티미디어 – 다중매체, 종합매체

음성, 문자, 그림, 동영상 등이 혼합된 다양한 매체를 말합니다.

new media 뉴미디어 – 신기술의 개발에 따라 새롭게 진출한 커뮤니케이션 매체로 음성, 문자의 다중방송, 대화형 방송매체, 위성으로부터의 직접 방송, 뷰데이터(View Data) 등으로 발전하고 있습니다.

□ 미드나잇 **midnight** 한밤중, 자정; 한밤중의, 짙은

→ a midnight matinee 심야흥행 midnight blue 짙은 푸른색

cf. **morning** 아침 **noon** 정오 **afternoon** 오후 **evening** 저녁

night 밤 **day** 낮

□ 미라클 **miracle** 기적(wonder)

miraculous 기적적인 **miraculously** 기적적으로

A **miracle** rarely happens. 기적은 가끔 일어난다.

cf. **oracle** 오라클; 신의 계시

□ 미션 **mission** 임무, 사명; 전도; 사절단

mission impossible 불가능한 임무

an economic[a trade] mission 경제[무역] 사절단

a fact-finding mission 진상조사단

□ 바긴 **bargain** 싼 물건, 특매품, 매매계약; 협정, 흥정하다

→ I will buy some dresses if I can find a **bargain** during this sale.

이번 세일 기간 중에 싼 것이 있으면 옷을 좀 살까 한다.

Don't miss this **sale**! 이번 바겐세일을 놓치지 마세요!

•참고• 우리가 흔히 사용하는 bargain sale(바겐세일, 염가판매)은 미국에서는 통하지 않으며 **sale**만을 사용합니다.

160

sale의 여러 종류

clearance sale 떨이판매
garage sale 본인에게 필요 없는 것을 차고에 진열해 놓고 파는 것
yard sale 본인에게 필요 없는 것을 앞마당에 내놓고 파는 것
moving sale 이사 때문에 살림살이를 처분하는 것

> ·참고· discount mart 할인마트
> department store 백화점
> TV home shopping TV 홈쇼핑
> Internet shopping mall 인터넷 쇼핑몰

□ 바로미터 **barometer** (여론 등의) 지표, 사물을 아는 기준이나 척도; 기압계
→ a barometer of business conditions 경기상황의 바로미터
cf. a key economic indicator 주요 경제지표

□ 백그라운드 **background** 경력; (사건, 사람 등의) 배경, 배후; 배경지식
→ one's computer background 컴퓨터관련 업무경력
background information 예비지식

□ 밸런스 **balance** 균형; 잔액
→ keep[lose] one's balance 몸의 균형을 유지하다[잃다]
one's balance at the bank 은행 예금의 잔고

□ 버디 **buddy** 친구, 동료, 형제; 여보게, 자네
→ Hey, buddy! 이봐 친구!
cf. **birdie** (골프의) 버디 → **bogey** 보기 **eagle** 이글 **par** 파

□ 버라이어티 **variety** 다양, 갖가지; 변화
→ a variety of opinion 갖가지 의견
variety show[entertainment] 버라이어티 쇼(노래, 춤, 개그 등을 한데
엮은 아주 변화가 많고 다양한 공연)

161

□ 버저 **buzzer** 신호음; 사이렌

    buzz 버저소리; 버저에 의한 호출; 전화걸기; 벌이 윙윙대는 소리

    →**buzzer beater** 버저비터 – 경기종료를 알리는 버저소리와 함께 성공된 골

□ 버튼 **button** 단추; 누름단추; 단추를 채우다

    →elevator button 엘리베이터 단추 power button 전원 단추

□ 베이스 **base** 토대(foundation; groundwork), 근거; (야구) 베이스; 기지

    basis 기초, 근거; 주성분 **basement** (구조물의) 최하부; 지하실

    cf. **cellar** 저장용 지하실 **shelter** 피난용 지하실

    →first[second; third] base 1루[2루, 3루]

      a base of operation 작전기지

□ 벤처 **venture** 모험, 모험적 사업, 투기적 사업; 위험을 무릅쓰고 하다

    →venture capital 위험부담자본, 투기자본

      a joint venture company 합작투자기업

      Nothing **ventured**, nothing gained. 모험하지 않으면 아무것도 얻어

      지지 않는다. – 호랑이 굴에 들어가야 호랑이를 잡는다.

□ 벤치 **bench** 긴 의자; (야구에서) 감독, 선수의 대기실(dugout 더그아웃)

    cf. **bull pen** 불펜 – 야구에서 구원투수가 경기에 나가기 전에 준비운동을 하

      는 곳 또는 구원투수진

    →**benchwarmer** 벤치워머 – 경기장에 나와도 출전기회가 적은 후보 선수

    cf.**regular member** 정규선수

      starting member 시합 시작할 때 처음 출전한 선수들

□ 본드 **bond** 접착제; 채권; 계약; 속박

    →international bond 국제본드(채권) a public bond 공채

      a merchandise bond[coupon] 상품권

□ 볼륨 **volume** 부피, 양; 음량; (책의) 권; (옷, 여성의) 볼륨감
→volume of inventories[issuance; transaction] 재고량[발행규모, 거래량]

□ 부스 **booth** 칸막이한 작은 공간; 전화박스; 매점
→information booth 안내센터 a polling booth 투표용지 기표소

□ 붐 **boom** 벼락경기, (갑작스러운) 인기, 급격한 증가; 인기가 좋아지다
→stock market boom 주식 붐

□ 브랜드 **brand** 상표(trademark); 특정상품
→top brand 명품 favorite brand 선호브랜드
brand signature (회사 간판에 넣은) 상표 표시
Brand Extension Strategy 브랜드확장전략

□ 브로슈어 **brochure** (광고용) 팸플릿
→product brochure 제품소개서, 팸플릿
cf. 팸플릿 **pamphlet** (광고용) 소책자
리플릿 **leaflet** (낱장으로 된) 광고전단지

□ 블록 **block** (도시의) 한 구획; 방해물; (길을) 막다
→It's two **block** away. 여기서 두 블록 떨어져 있다.

□ 비전 **vision** 미래에 대한 구상, 미래상; 상상력; 시력(eyesight)
→a statesman of great vision 위대한 비전을 지닌 정치가
field of vision 시계, 시야 **multivision** 멀티비전(여러 개의 화면에 하나의 영상이나 각기 다른 영상을 만들어 내는 것)

□ 비즈 **biz** business의 구어표현 – 사무; 영업; 용무

→ **Internet Business** 인터넷 비즈니스(E–biz) – 인터넷이라는 네트워크 상에서 행해지는 비즈니스　set up[close] a business 개업하다[폐업하다] That's no **business** of yours. 그것은 네가 상관할 일이 아니다.

□ 사이즈 **size** 크기, 치수; 도량, 역량

→Bust(가슴)–Waist(허리)–Hip(힙) size

Bust[Waist, Hip] circumference 가슴[허리, 엉덩이] 둘레

cf. a slender[small, narrow] waist 가는 허리

□ 사인 **sign** 표지, 신호, 손짓; 서명하다

→warning sign 경고판 a traffic sign 교통표지

sign a letter 편지에 서명하다

cf. **signature**; **autograph** 서명 **endorse** (어음, 수표에) 배서하다

□ 살롱 **salon** (의상, 미용 등의) 가게, ～실, ～점; 객실, 응접실

→a beauty salon 미용실 a hair dressing salon 이발소, 미용실

□ 새티스팩션 **satisfaction** 만족 **satisfy** 만족시키다

→customer satisfaction management 고객만족경영

National Customer Satisfaction Index 국가고객만족지수(NCSI)

・참고・ **satisfaction** : 자신이 바라는 것을 충족시키는 만족
contentment : 자신이 가진 것으로 충족감을 느끼는 만족
gratification : 자신이 바라는 대로의 것을 주는 만족, 희열
content : 사람, 행동에 대해 만족하는
a feeling of satisfaction 만족감
self-contentment[satisfaction] 자기만족
physical[spiritual] gratification 육체적[정신적] 만족
the gratification of curiosities 호기심의 만족

□ 샘플 **sample** 견본, 표본

→a sample copy of the magazine 잡지의 견본

sampling survey 표본조사

□ 샐러리 **salary** 봉급, 급료

→a monthly salary 월급 an annual salary 연봉 a starting salary 초봉

What[How much] salary do you get? 월급이 얼마입니까?

draw one's salary[wages] 봉급을 타다[임금을 받다]

> **·참고·** **salary** 지적, 전문적인 일을 하는 사람에게 고정적으로 지불하는 임금
> **pay** 구어적으로 급료를 뜻하는 가장 일반적인 말
> **wages** 시간, 일, 주 단위로 육체노동의 양에 따라 지불되는 임금
> **fee** 의사, 변호사, 예술가 등에 대해 그때그때 고정적으로 지불하는 임금

□ 서라운드 **surround** 입체음향(소리가 사방에서 들려오는 효과); 둘러싸다

→**surround sound** 서라운드 사운드 – 입체 음향 방식에 의해 객석의 측면
이나 후면에 있는 스피커를 통해 관객에게 전달되는 음악이나 음향효과로 "돌
비 서라운드(3채널방식)"과 "돌비 프로 로직(4채널방식)"이 있습니다.

> **·참고·** 스트레오 시스템 : 소리의 이동이 평면적
> 서라운드 시스템 : 소리의 이동이 입체적

□ 서바이벌 **survival** 생존(자) **survive** 살아남다; (고난 등을) 이겨내다

→survival game 서바이벌 게임 **survival of the fittess** 적자생존

□ 서비스 **service** (판매 물품에 대한) 서비스; (공공의) 업무, 시설; 봉사

→public service 공공사업 medical service 의료봉사

service station 서비스 스테이션 – 주유소, 수리소

cf. **workstation** 워크스테이션 – 다양한 정보처리 기능의 고성능 컴퓨터

key station 키스테이션 – 방송 송출 중심 방송국

□ 석세스 **success** 성공

opp. **failure** 실패, 고장, (신체기관의) 이상

→ Nothing **succeeds** likes **success**. 한 가지가 잘되면 만사가 잘된다.

an engine failure 엔진 고장 heart failure 심장마비

□ 세라믹 **ceramic** 도자기, 요업제품; 요업의, 도예의

→ the ceramic industry 요업

□ 세러모니 **ceremony** 의식; 예식

→ opening[closing] ceremony 개회식[폐회식]

a marriage[wedding] ceremony 결혼식

> **참고** 우리가 축구 경기를 시청할 때 선수들이 골을 넣은 후에 하는 축하 제스처를 goal ceremony(골 세
> 러모니)라고 하는데 이것은 일본식 표현의 콩글리시이고 영어식표현은 goal celebration(골 셀러브
> 레이션)이다.

cf. attend on official function (행사) 공식행사에 참가하다

National Liberation Day Celebrations 광복절 경축행사

the celebration of birthday 생일잔치

cerebration 대뇌작용; 사고

□ 섹션 **section** (신문, 잡지의) 난; (문장의) 절; (외과, 해부의) 절개;

(사회의) 계층; (도시의) 구역; (가게의) 코너

→ fruit section 과일코너 all sections of society 사회의 모든 계층

> **참고** section 절개 → dissection 해부 → resection 절제(술) → gastric resection 위절제술

□ 섹터 **sector** (사회, 산업의) 부문, 분야; 영역; 지구

→ the banking[housing] sector 금융[주택] 부문

□ 섹시 **sexy** 성적 매력이 있는, 매력적인; 외설
  →**sexy casual look** 섹시 캐주얼 룩 – 심플한 실루엣(옷의 입체적인 윤곽)과 꼭 끼는 라인, 남성적인 모드 속에서 건강하고 현대적인 여성의 아름다움을 강조한 스타일 →a sexy novel 음란소설

□ 센세이션 **sensation** (세상을 떠들썩하게 하는) 대사건, 물의
  sensational 세상을 깜짝 놀라게 하는; 선정적인
  →a sensational scandal 세상을 떠들썩하게 하는 스캔들(추문)
  keen sensation 예리한 감각

□ 센터 **center** (활동의) 중심; 중심지구
  →center of gravity 무게중심 a business center 상업지구

□ 셀렉션 **selection** 선발; 발췌곡; 정선물; 전시회; (생물) 도태
  select 선택하다 고른, 선택한 **selective** 선택적인
  →selection committee 선발위원회
  a large selection of brief cases 다양한 종류의 서류가방
  artificial[social; natural; sexual] selection 인위[사회, 자연, 자웅] 도태

□ 소스 **source** 출처, 어떤 소식을 전하는 사람; 근원, 원인; 원천
  →a news source 뉴스의 출처 a reliable source 믿을 만한 소식통

□ 쇼룸 **showroom** (상품의) 전시실, 진열실
  →a grand showroom 대형전시실
  cf. show business 흥행사업, 연예업

□ 쇼핑 **shopping** 물건 사기, 장보기

→window shopping 물건은 사지 않고 진열창 안의 물건만 구경하고 다니기

an immense shopping mall 대형쇼핑몰

 쇼핑 관련 단어

merchandise 상품	cart 수레
checkout counter 계산대	fixed price 정찰가
wholesale price 도매가	retail price 소매가
haggle 값을 흥정하다	rif off 바가지 씌우다(overcharge)

□ 스릴 **thrill** 전율, (공포 등으로) 오싹함; 감동시키다, 전율을 느끼다

thrilling 오싹하게 하는, 소름이 끼치는; 떨리는

→have a thrill 스릴을 느끼다 a thrilling voice 떨리는 목소리

□ 스와프 **swap** 바꾸다, 교환하다; (부부) 교환; (통화, 금리 등의) 상환거래

□ 스캔들 **scandal** 추문; (부정, 횡령) 사건; 불명예; 악평

→a sex scandal 성추문 a political scandal 정치스캔들

·참고· 스캔들을 일으키다 → make[cause] a scandal; give rise to a scandal

□ 스케일 **scale** 규모, 크기; (체중계; (요금 등의) 율; 껍질; (음악) 음계

→a plan of a large scale 대규모의 계획 a scale of taxation 과세율

the scale of a snake 뱀의 비늘 a major[minor] scale 장음계[단음계]

□ 스케줄 **schedule** 예정표; 일정표

→a class schedule 수업시간표 prototype schedule 기본편성표

·참고· **according to schedule** 예정대로, 예정에 따르면   **ahead of schedule** 예정보다 먼저

behind schedule 예정보다 늦게   **on schedule** 시간표대로, 시간을 정확하게

168

□ 스쿠프 **scoop** 특종기사(beat); 국자

　　→a scoop on the election fraud 부정선거의 특종

□ 스킬 **skill** 기술; 솜씨

　　→ individual skill 개인기 cf. **teamwork** 팀워크, 협동작업

　　 show[exhibit, display] one's skill 솜씨를 보이다

□ 스타일 **style** 방법; 스타일; 유행; 양식

　　→the newest[trendy] style 최신 유형　out of style 유행에 뒤떨어진

□ 스탠드 **stand** 노점, 매점, 영업소, 관람석; 일어서다, 참다

　　→news stand 가판대

　　I can't **stand** the noise. 나는 소음을 참을 수가 없다.

□ 스탠더드 **standard** 표준, 기준; 모범; (도량형의) 기준 단위

　　→standard time 표준시 Labor Standards Law 근로기준법

□ 스텝 **staff** 직원, 사원; (연극이나 영화에서) 연기자 이외에 제작에 참가한 사람

　　(감독, 작가, 음악, 조명, 촬영, 소품 등을 담당한 사람)

　　→a staff meeting 직원회의　a staff register[list] 직원 명부

　　 all the members of the staff 직원일동

　　 Let's have a welcome party of the new members of the **staff**.

　　 신입사원을 위해 환영회를 엽시다.

　　cf. a personnel change; a reshuffle of personnel 직원의 이동

　　　 ∗∗reshuffle 인사이동, 인원개편

□ 스톡 **stock** 재고품; 저장; 주식; 가축

　.　→ take stock 재고조사를 하다 stock market[exchange] 주식시장
　　　a joint-stock company 주식회사
　　　a stock subscription 주식응모

□ 스트레스 **stress** (정신적) 압박감; 강조; 악센트
　　→ Overcoming **stress** can be difficult. However, we can overcome
　　　stress. 스트레스를 극복하는 것은 어려울 수 있다. 그러나 우리는 스트레
　　　스를 극복할 수 있다.
　　　　참고 **accent**(악센트) — 영단어 발음기호 위에 표시한 강세표시
　　　　　stress(강세) — 영단어에서 어떤 음절을 강하게 발음하는 것
　　　　　intonation(억양) — 문장에서 소리의 높낮이를 달리하는 것

□ 스팀 **steam** 증기, 김; 힘, 원기; 추진력
　　→ at full steam 전속력으로 get up steam 분발하다; 화내다
　　cf. **vacuum** 진공
　　　vacuum-packed 진공포장의 vacuum package 진공포장
　　　vacuum cleaner[sweeper] 진공청소기

□ 스페셜 **special** 특별한, 전문의; 특별한 것, 특별메뉴
　speciality 특히 잘하는 것; 특성
　　→ special makeup 특수 분장 a special hospital 전문병원
　　　What's your **speciality**? 특기가 뭐야?
　　　　참고 특별한 = special; especial; peculiar; particular; extraordinary; uncommon;
　　　　　　exceptional
　　　　　특별하게 = specially; especially; peculiarly; particularly; extraordinarily;
　　　　　　uncommonly; exceptionally

□ 스페어 **spare** 예비의, 여분의; 절약하다, 아끼다, 용서하다
　　→ spare tire 예비 타이어 making good use of spare time 여가 선용

□ 스페이스 **space** 공간; 장소; 여백; 우주

→ time and space 시간과 공간 blank space 여백

a dangerous space 위험한 구역

□ 스포트라이트 **spotlight** (한 사람에게 집중적으로 비추는) 집중조명; 주목

→ The television personality comes into the **spotlight** these days.

그 탤런트는 요즈음 각광을 받고 있다.

cf. **headlight** 헤드라이트 – 전조등

□ 스폰서 **sponsor** 후원자(supporter); (상업방송의) 스폰서, 광고주

→ a sponsor program 스폰서가 제공하는 상업방송프로그램

·참고· ~의 후원 하에 = sponsored by; backed up by; under the auspices of; through the sponsorship of; with the support of

□ 슬라이딩 **sliding** 미끄러져 움직이는

slide 미끄러지다; 미끄러짐, 미끄럼틀, 산사태(landslide), 환등기

cf. **sledding** 썰매 타기

→ sliding door 미닫이 a ski slide 스키 활주장

□ 슬로건 **slogan** (회사, 단체의 주의·주장을 나타낸) 짧은 말; 표어; 모토

→ under the slogan of HTH

(heart to heart 마음에서 마음으로) HTH라는 슬로건을 내걸고

cf. **propaganda** 프라퍼갠더; 정치선전; 홍보[선전] 문구

→ antiwar propaganda 반전선전 a propaganda film 선전영화

□ 슬랭 **slang** 속어(구어에서는 통용되나 아직 정통어법으로 인정되지 않은 말)
    → "Cop" is a **slang** for "policeman".
    "Cop"은 "policeman"의 속어이다.

□ 슬럼프 **slump** (활동, 원기의) 부진상태; 불황, 불경기; (물가의) 폭락
    → a worldwide slump 세계적인 불황
    The pitcher is in a **slump**. 그 투수는 슬럼프이다.
    cf. **boom** 붐, 벼락경기; (갑작스러운) 인기; 급격한 증가

□ 시너지 **synergy** 협력[상승] 작용; 공동작업
    → **synergy effect** 시너지효과 - 상승효과, 즉 1+1이 2 이상의 효과를 나타
    낼 때를 가리키는 말입니다.

□ 시뮬레이션 **simulation** (실제와 비슷한 상태의) 모의실험, 모의 훈련; 가장
    → computer simulation game 컴퓨터 시뮬레이션 게임
    cf. 에뮬레이션 **emulation** 한 컴퓨터가 다른 컴퓨터와 똑같이 작동하도록 소
    프트웨어나 마이크로프로그램을 사용하는 기법; 경쟁
    → a spirit of emulation 경쟁심

□ 시스템 **system** 복합적인 기계장치; (통일된) 체계; 방식
    → a ventilation system 환기장치
    a communication system 통신망

□ 시네마 **cinema** 영화(movie); 영화관; 영화산업

→go to the cinema[movies] 영화 보러 가다

·참고· **영화** : movie; cinema; film; (motion) picture **영화대본** : script (스크립트)
영화팬 : a movie[film] fan **단편영화** : briefie; short **영화계** : the screen[cinema; film]
world; screendom **개봉관** : a first-run film; a newly released film
cf. **theater** 시어터, 극장; (the ∼) 극단, 연극
→ **home theater** 홈시어터(일반 가정에서도 영화관처럼 크고 생생한 영상과 음향을 얻을 수
있는 가정용 극장 시스템) **opera house** 오페라 극장

□ 시추에이션 **situation** 상태(condition), 처지; 위치, 장소; 근무처, 일자리

→ an embarrassing situation 난처한 처지

Situations Wanted[Vacant] 구직[구인] 광고

□ 시크리트 **secret** 비밀, 비결; 비밀의

→a secret passage 비밀 통로 the secret of health 건강비결

□ 시티즌 **citizen** 시민, 국민

→an American citizen 미국 시민

a citizen of the world 세계인, 국제인(cosmopolitan)

 citizen 관련 신조어

Netizen 네티즌 : 정보통신망이 제공하는 새로운 공간에서 활동하는 사람
Network(네트워크, 통신망) + citizen(시민)의 합성어

Netigan 네티건 : 인터넷상에서 특정집단을 무조건 옹호하거나 비판하는 사람
Netizen(네티즌) + hooligan(훌리건, 무뢰한, 불량배)의 합성어
→ The police rounded up a gang of **hooligans**.
경찰은 불량배들을 일제히 검거했다.

□ 싱커탱크 **think tank** 두뇌집단

→ an advanced think thank 고급두뇌집단

173

□ 씬 **scene** 장면; 현장

→love scene 정사장면 the scene of the crime 범죄현장

□ 존 **zone** 지역, 지대, 구역

→climatic zone 기후대 annual zone 나이테

the zone of action[influence] 세력범위

> **참고** **zone** : 확실한 특징이 있는 경계가 분명한 구역 → time zone 시간대
> **area** : 경계가 애매하고 분명치 않은 지역 → an agricultural area 농업지역
> **belt** : 지역적 특징을 갖는 가늘고 긴 지역 → green belt 녹지대; 개발제한 구역
> cf. **conveyor belt** 컨베이어 벨트 **fan belt** 자동차의 팬벨트
> **safety belt** 안전벨트 **seat belt** 좌석벨트
> **strip**(스트립) : 가늘고 긴 땅[조각]; (신문 등의) 연재만화; 스트립쇼; (옷을) 벗기다

□ 아웃도어 **outdoor** 집밖의, 옥외의, 야외의 (opp. **indoor** 실내의)

→outdoor clothes 외출복 outdoor advertising 옥외광고

□ 아웃라인 **outline** (사물의) 윤곽; 개요(summary; profile); 약도

→an outline of scheme 계획의 윤곽 an outline of a discourse 이야기의

개요 the outline of a building 건물의 약도

□ 아웃렛 **outlet** (상설 할인) 판매점; 배출구; (전기) 콘센트

→warehouse outlet 창고대방출 매장

an outlet for rage 분노의 배출구

Please put the plug into the wall outlet.

플러그를 벽 콘센트에 꽂아 주세요.

□ 아웃룩 **outlook** 예측, 전망; 경관; 경계

→ the business outlook for next year 내년도의 사업전망

an outlook on the sea 바다의 경관

□ 아이디어 **idea** 생각; 견해; 착상; 관념

→a general idea 개념 a fixed idea 고정관념

That's a good **idea**. 참 좋은 생각이야.

□ 아이템 **item** 항목; 품목; 조항

→ items of business 영업종목

the chief items of export 주요 수출품목

□ 아젠더 **agenda** (회의의) 안건, 의제; 협의사항

→National Agenda 정부의 국정과제 formal agenda 공식의제

bargaining agenda 협상의제

□ 알리바이 **alibi** 현장부재증명; 변명, 구실(excuse)

→a plausible alibi 그럴듯한 알리바이

set up[establish, prove] an alibi 알리바이를 증명하다

□ 앙코르 **encore** 재청; 재연의 요청

→demand[call for] an encore 앙코르를 청하다

receive an encore 앙코르를 받다

□ 애널라이저 **analyze** 분석하다, 분해하다

analysis 분석, 분해 **analyst** 분석가, 해설가

(opp. **synthesize** 신디사이저 – 합성하다, 종합하다)

→how to analyze marketing materials 마케팅 자료의 분석법

synthesized sound 합성음 information analyst 정보분석가

financial analyst 재무분석가

☐ 애니메이션 **animation** 컴퓨터 내부에서 생성되는 일련의 화상을 화면에 연속적
으로 표시하여 (만화영화처럼) 움직이는 것 같이 보이게 하는 기법; 생기, 활기
→ web animation 인터넷용 애니메이션
  mainline on TV animation 텔레비전 만화영화에 푹 빠지다

☐ 애너버서리 **anniversary** 기념일
→ one's wedding anniversary 결혼기념일
  the tenth anniversary of the founding 창립 10주년 기념일
  the 70th anniversary of one's birth 칠순, 고희연

☐ 애드버타이즈먼트 **advertisement** 광고(ad.) **advertise** 광고하다
→ an advertisement for a situation 구직광고
  dazzling advertisement 현혹적인 광고

☐ 액션 **action** 행동, 활동; (기계의) 작동; (배우의) 몸짓, 연기
  act 행동하다, 처신하다 **actor** 배우, 연기자 a film actor 영화배우
→ a radius of action 행동반경 a brave act 용감한 행위
> •참고• **act** 단기간의 (개개의) 행위
> **action** 어떤 기간에 걸쳐 단계적으로 완성한 행위
> **behavior** 거동, 행실(deportment); 행동, 습성 → behavior pattern 행동양식

☐ 앰바고 **embargo** 선박의 입출항 금지, 수출입금지; (언론의) 보도자제
→ lay an embargo on a ship 출항을 정지하다
  be under an embargo 출항이 중지되어 있다
cf. **off the record** 기록하지 않거나 공표하지 않을 것을 조건으로 하는
  기자회견이나 취재

□ 어글리 **ugly** 추한; 추악한, 불쾌한

   →chubby, grumpy, ugly guys 통통하고, 성미 까다롭고 추한 남자들

   cf. **cool** 멋진; 시원한

   My life is so **cool.** 정말 멋진 내 인생!

□ 어드레스 **address** 주소; 인사말, 연설(speech)

   →change of address 주소변경

   an opening address 개회사 a closing address 폐회사

□ 어드밴티지 **advantage** 유리한 입장; 유리한 점, 이점; 우월

   → the advantages of birth, wealth, and good health

   가문, 재산, 건강상의 여러 이점들

   gain[win, get] an advantage over~ ~보다 유리한 입장이 되다

   opp. **disadvantage** 불리한 입장

□ 어레인지 **arrange** 배열하다; 각색하다, 편곡하다 **arrangement** 배열, 배치

   → arrange one's books in order 책 정리를 하다

   arrange flowers 꽃꽂이 하다

□ 어시스트 **assist** 돕다, 원조하다; 조력, 원조, (농구, 축구의) 어시스트

   assistant 조수, 보조자, 조교; 보조의

   → assist a person materially[financially]

   ~을 물질적으로[재정적으로] 돕다

   ·참고· 돕다 = **assist**(보조적으로 ~) **help**(적극적으로 ~) **aid**(강자가 약자에게 하는) 원조

□ 어패럴 **apparel** 의복, 의상, 복장

   →apparel industry 의류[섬유] 산업 ready-to-wear apparel 기성복

☐ 어프로치 **approach** 접근; 접근법; (골프)어프로치

→**negative approach** 네거티브 어프로치 – 부정적 면부터 설득하는 광고 기법

opp. **positive approach**; **bottom-up approach**

의사결정의 상향식 접근법

☐ 어필 **appeal** 매력, 항의, 애원, 호소; 항의하다, 호소하다

→sex appeal 성적매력 appeal to the referee 심판에게 항의하다

appeal to arms[the public] 무력[여론]에 호소하다

☐ 업그레이드 **upgrade** (제품의) 품질을 개량하다; 신판, 개량형, 증가

→ (up 위로) + grade(품질등급) ⇒ 품질등급을 올리다

You need to **upgrade** your production facilities.

당신 회사는 생산시설을 업그레이드 시켜야 합니다.

☐ 에러 **error** 잘못, 실수

→ an error in judgement 판단착오

Correct **errors**, if any. 틀린 데가 있으면 고치시오.

> •참고• **error** 잘못, 실수를 나타내는 일반적인 말 **mistake** 기준, 해답, 판단 등의 잘못
> **blunder** 큰 실수 **slip** 부주의한 가벼운 실수

☐ 에티켓 **etiquette** 예법, 예의범절

→Court etiquette 궁중예법 a breach of etiquette 실례

☐ 에센셜 **essential** 필수의, 가장 중요한; 필요불가결한 것

→an essential condition 필수조건

> •참고• 필수의 = **essential; indispensible; necessary; requisite; staple; compulsory**
> → staple commodities 필수[중요] 상품 compulsory education 의무교육
> a mandatory clause 필수조항 required[compulsory] subjects 필수과목
> cf. elective[optional] subjects 선택과목

□ 엑스터시 **ecstasy** 무아경, 황홀경(rapture); 의식혼미상태; 환각
　　→lapse[fall] into a state of ecstasy 황홀경에 빠지다

□ 엑스트라 **extra** 영화에서 임시 또는 일용으로 출연하는 사람, 보조 출연자
　　→play an extra part 엑스트라 노릇을 하다
　　play a leading[role] part 주연을 하다

□ 엑스퍼트 **expert** 전문가(professional)
　　→a linguistic expert 어학전문가
　　·참고· 전문가 = expert; specialist; professional; master; adept

□ 엔지니어링 **engineering** 공학
　　engineer 엔지니어, 기사, 공학자, 기관사
　　→electrical[mechanical; civil] engineering 전기[기계; 토목] 공학

□ 엔터테인먼트 **entertainment** 오락(amusement)(프로그램), 연예; 환대
　　entertainer 엔터테이너, (가수, 코미디언, 연기자 등의) 연예인
　　→a musical entertainment 음악회 entertainment expenses 접대비

□ 엘레강스 **elegance** 우아, 고상(grace; refinement)
　　→a woman of elegance 우아한 여성 the fragrance of roses 장미 향기

□ 엠블럼 **emblem** 회사의 마크나 회사명; 대회를 나타내는 상징물; 상징
　　→an emblem of peace 평화의 표상
　　cf. 로고 **logo** – 회사명이나 상품명 등을 독특한 글자체를 쓰거나 디자인하여
　　　나타낸 것을 말합니다.

□ 오더 **order** 주문, 주문서; 명령, 지시; 질서, 순서
　　→mail order 우편주문 law and order 법과 질서

□ 오디션 **audition** (예능 지원자에 대한) 오디션, 테스트 **audit** 회계감사
→have an audition 오디션을 받다 pass the audition 오디션을 통과하다

□ 오리엔테이션 **orientation** 적응, 적응지도; (신입사원 등의) 집무예비교육
→ placement testing and orientation 배치고사와 오리엔테이션
  cf. (legitimate) self-defense 정당방위

□ 오리지널 **original** 원본; 최초의, 본래의
→several transcripts from the original 원본으로부터의 몇 장의 복사물

□ 오토메이션 **automation** 자동조작(automatic 자동적인 + operation 조작)
→an automatic door 자동문 automatic calling 자동호출
home automation 홈 오토메이션 – 가정에 있는 가전제품, 전열기구, 현
관문 등을 컴퓨터나 전화로 원격제어하여 가정의 쾌적성과 안전성을 동시에
얻도록 하는 시스템

□ 오퍼 **offer** 매매당사자의 한편이 상대에게 가격조건을 적어 보내는 거래요청서
→selling offer 판매오퍼 buying offer 구매오퍼
·참고· offer 기재내용
commodity name 상품명 **grade or specification** 규격 **origin** 원산지 **offer date** 발
행일자 **date of validity** 유효기간 **date of shipment** 선적일 **packing method** 포장방
법 **quantity** 수량 **payment condition** 대금결제조건

□ 오피니언 **opinion** 의견, 견해 **opinionnaire** 설문조사(questionnaire)
→public opinion 여론 political opinions 정견
Opinion is divide. 의견이 분분하다.

□ 오피스 **office** 사무소, 영업소, 판매소, 진료실; 관청
→head[branch] office 본점, 본사[지점, 지사]

SOHO(Small Office(작은사무실) Home Office(자택사무실) – 특별한 사무실 없이 자신의 집을 사무실로 사용하는 소규모 자영업을 일컫는 말입니다.

☐ 옥션 **auction** 경매 cf. 비딩 **bidding** – 입찰
  →a public auction 공매
    Dutch auction 역경매(값을 차차 내려 부르는 경매)

☐ 옵션 **option** (자동차, 컴퓨터, 아파트 등의) 표준사양 이외의 추가, 교환이 가능한 부분; 취사선택, 선택권(choice)
  →a list of extra-cost options for Auto 추가비용이 드는 자동차 옵션 목록

☐ 워크샵 **workshop** (참가자들의 의견 및 실제적용이나 기술을 행해 보는)
    공동연구회, 연수회; 직장, 일터
  →ASEM Cyber Security Workshop 아셈 사이버 보안 워크샵
    an affiliated workshop 하청공장(supplier)

> **·참고·** **seminar** 세미나 : 지도교수 아래서 특수 주제를 단기간에 연구하고 토의하는 연구집회
> **symposium** 심포지움 : 특정문제에 대하여 자유롭게 의견을 교환하는 토론회
> → a closed-door seminar 비공개 세미나 a symposium on politics 정치문제의 좌담회

☐ 워크아웃 **workout** 운동; 체중감량을 위한 체력 단련; 기업의 가치 회생 작업
    (기업과 채권금융기관이 협력하여 추진하는 일련의 기업구조조정과정)
  →She goes to gymnasium for a daily **workout.**
    그녀는 매일 운동하러 체육관에 간다.

☐ 워터 **water** 물; 용액; 소변; (the ~s) 바다
  →hot[cold, tap] water 온수[냉수, 수돗물] soda water 소다수
    pass water 소변보다

□ 월드 **world** 세계, 세상 사람들; 세계적으로 유명한
  →the other[next] world 저승, 내세 all over the world 전 세계에
  cf. world-famous 세계적으로 유명한 world-wide 세계 전역의
     world-class 세계적 수준의

□ 웨이브 **wave** (머리카락의) 웨이브; (댄스의) 웨이브; 파도, 물결
  →permanent wave (머리의) 파마 tiny wave 잔물결
  cf. **waiver** (프로 운동선수의) 공개이적; 권리포기

□ 웰빙 **well-being** 육체적, 정신적 건강의 조화를 통해 행복하고 아름다운 삶을
  추구하는 것; 행복, 안녕; 복지
  →wellbeing food[diet, industry] 웰빙 식품[다이어트, 산업]

□ 윈도우 **window** 창문; 진열창; (은행의) 창구
  →window display 쇼윈도의 상품진열 a cashier's window 출납창구

□ 유토피아 **Utopia** 이상향
  →a wild scheme to build a Utopia 이상국을 건설하겠다는 엉뚱한 생각

□ 유틸리티 **utility** 다용도실, 효용, 공익사업; 여러 가지 용도를 가진
  →value and utility 가치와 효용 utility charges 공과금
  sports utility vehicle SUV 차량(각종 스포츠에 적합한 차량)
  cf. RV 차량(Recreational Vehicle) 레저용 차량

□ 이그잼 **exam** examination(시험, 조사, 검사)의 구어표현
  →a company recruitment exam 입사시험
  a written examination 필기시험 a physical examination 건강진단

□ 이노베이션 **innovation** 혁신; (기술) 혁신 **innovator** 혁신가
 → technical[revolutionary] innovation 기술적[혁명적] 혁신
 cf. 리노베이션 **renovation** 수선, 수리; 혁신
  → Closed for renovation! 수리 중 휴관함!

□ 이니시어티브 **initiative** 시작, 솔선, 주도권, 독창력; 전략적 목표를 달성하기 위
 한 혁신, 행동, 방향; 국민발의
 → take the initiative 주도권을 잡다 lack initiative 독창력이 부족하다

□ 이니셜 **initial** 머리글자, (성명의) 첫 글자; 처음의, 최초의
 → the initial velocity[expenditure] 초속[창업비]
  an initial signature 첫 글자만의 서명

□ 이머전시 **emergency** 비상시, 위급(한 경우); 비상용의, 긴급한
 → emergency button[bell, exit, staircases]
  비상버튼[비상벨, 비상구, 비상계단] emergency care 응급처치

□ 이미지 **image** 인상; (컴퓨터) 영상; 모습, 상
 → improve[change, shoot down] the image of a company
  회사 이미지를 개선하다[바꾸다, 실추시키다]

□ 이벤트 **event** 시합; 행사; 사건
 → a main event 주요한 시합 an annual event 연례행사
  charity event 자선행사 an epoch-making event 획기적 사건
 cf. benefit concert[performance] 자선공연

□ 이슈 **issue** (화제가 된, 논란이 된) 주제, 문제; 논쟁점; 발행; 유출
 → hot issue 뜨거운 화제 the most urgent issue 가장 시급한 문제
  the issue of a newspaper 신문의 발행 an issue of blood 출혈

□ 익스체인지 **exchange** 교환, 환시세, 거래소; 교환하다, 환전하다
　　→exchange rate 환율　the Stock Exchange 증권거래소
　　cf. **change** 바꾸다, 교환하다
　　　　interchange 인터체인지-도로의 입체교차로; 환승역

□ 익스프레스 **express** (버스, 기차, 승강기, 우편 등이) 급행(의); 택배
　　→an express mail 빠른우편　an express company 운송회사

□ 인센티브 **incentive** (생산성 향상을 위해 사원에게 지급하는) 장려금; 자극
　　→Productive Incentive 생산성 격려금(P.I.)
　　cf. **Profit Sharing** 이익분배(P.S.)
　　　　bonus 보너스, 상여금-사원에게 지급하는 성과급
　　　　→a year-end bonus 년말 상여금　a special bonus 특별상여금
　　　　◦참고◦ **intensive** 강한; 집중적인　**extensive** 광범위한, 대규모의

□ 인비테이션 **invitation** 초대, 초청; 초청장　**invitational** 초대받은 선수[팀]만 참가하는
　　invite 초대하다, 초정하다
　　→invitation ticket 초대권　admission by invitation only 입장은 초대자
　　　　에 한함　an invitational track meet 초청 육상경기대회

□ 인스턴트 **instant** 즉석의, 즉각의; 즉시, 순간; 인스턴트식품
　　→instant coffee 인스턴트커피　instant death 즉사

□ 인스티튜트 **institute** 협회, 학회 연구소; 설립하다
　　→international language institute 국제어학연구소
　　◦참고◦ **academy** 아카데미-학원, 전문학교; 협회 → an academy of music 음악학교
　　　　research 리서치-연구 → a research institute[laboratory] 연구소
　　　　laboratory 실험실; 연습실; 랩(lab) → a language laboratory 어학실습실

□ 인스피레이션 inspiration 영감 **inspire** 격려하다; 영감을 주다
　　→honesty, integrity, and truth 정직, 성실 그리고 진실
　　cf. **integrity** 성실, 청렴, 완전, 완성도

□ 인트러듀스 introduce 소개하다, (신제품을) 발표하다, 도입하다
　introduction 소개, 도입→a letter of introduction 소개장
　　→Let me introduce myself. 제 소개를 드리겠습니다.

□ 인터뷰 interview 면접; (기자) 회견
　　→job interview 취직면접 an individual interview 개별면접
　　　Interview declined during working hours. 작업중 면회 사절
　　cf. 커버레터 **cover letter**-Resume(이력서)와 함께 보내는 (일종의) 자기
　　　소개서

□ 인풋 input 투입(량); 입력 (opp. 아웃풋 **output** 산출(량); 출력)
　　→input device 입력 장치 input-output table 투입산출표

□ 인프라스트럭처 infrastructure (에너지, 전기, 수도 등의) 사회기반시설
　　→the infrastructure for the development 개발에 필요한 기반시설

□ 인플레이션 inflation : 통화팽창-화폐가치가 떨어지고 물가가 계속 오르는 상태
　디플레이션 **deflation** : 통화수축-통화의 양이 줄고 물가가 계속 떨어지는 상태
　스태그플레이션 **stagflation** : "stagnation(스태그네이션 – 경기침체)
　+inflation(물가상승)"의 합성어로 경제 불황속에서도 물가가 계속해서 오
　르는 상태

□ 일러스트레이션 **illustration** 삽화; 도해; 실례 **illustrator** 삽화가
  →The book has many fine illustrations. 그 책은 예쁜 그림들이 많다.
  cf. 그래픽 **graphic** 시각예술작품, 도형; 그림의, 도표의

□ 저널 **journal** 잡지(periodical; magazine), 정기간행물; 신문; 일지
  →a monthly journal 월간 잡지 a medical journal 의학 잡지

□ 젠더 **gender** (사회학적 의미의) 성 cf. **sex** 섹스–(생물학적의미의) 성
  →**transgender** 트랜스젠더–육체적인 성과 정신적인 성이 반대라고 생각
  하는 사람; 성전환자(transsexual)

□ 징크스 **jinx** 불운(을 가져오는 재수 없는 것)
  →break[smash] the jinx 징크스를 깨다

□ 찬스 **chance** 기회(opportunity); 가망, 승산
  →the chance of lifetime 일생에 다시 없을 좋은 기회
  a capital chance 절호의 기회
  •참고• 찬스를 잡다 seize a chance
  찬스를 만들다 make a chance

□ 차트 **chart** 도표, 그래프; (환자용) 차트
  →a distribution[weather; physical] chart 분포도[기상도, 지세도]

□ 채널 **channel** (보도, 무역 등의) 경로; (통신) 채널; 해협, 수로
  →a reliable channel 믿을 만한 소식통
  the trade of channel 무역경로

□ 챠밍 **charming** 매력적인(attractive) **charm** 매력(fascination)
  →a charming woman 매력적인 여인 a charming figure 매력적인 모습

□ 체인지 change 바꿈, 거스름돈, 잔돈, 기분전환; 바꾸다, 갈아타다
   → I have no **change** with me. 잔돈이 없는데요.
      for a change 기분전환으로

□ 체크 check 점검, 대조, 수표; 저지하다, 점검하다 **checklist** 점검표
   → system check 시스템 점검 traveler's check 여행자 수표
      bounced[dishonored] check 부도수표 forged check 위조수표

□ 초이스 choice 선택, 선택의 범위, (쇠고기의) 상등품; 우량의, 고급의
   choose 고르다, 선택하다(elect)
   → Which is your **choice**? 어느 것으로 하시겠습니까?

> **·참고·** choose : 주어진 2개 이상의 것 중에서 자기 판단으로 고르다
>   select : 넓은 범위 중에서 생각하여 고르다
>   elect : 선거 등을 통하여 고르다
>   prefer : 다른 것보다 선호하다

□ 카타르시스 catharsis (감정의) 정화
   → **Catharsis** is getting rid of unhappy memories by expressing it in
      some way.
      카타르시스는 안 좋은 기억을 어떤 방법으로 발산하여 없애 가는 것이다.

□ 카탈로그 catalog(ue) (상품)목록; 일람표
   → a library catalogue 도서목록 a free monthly catalog 무료 월간 카탈로그

□ 카페 cafe 식당, 레스토랑; 커피숍; 바(bar), 나이트클럽
   → an intimate cafe 친숙하고 아늑한 카페
   magazine cafe 매거진 카페 – 여러 종류의 잡지를 갖춰 놓고서 손님들이
   잡지를 보면서 차를 마시도록 한 카페

□ 카펫 **carpet** 양탄자, 융단
　　→roll out the red carpet 정중히 맞다 bet a carpet 카펫을 털다

□ 카피라이트 **copyright** 저작권; 판권(기호 ⓒ) **copywriter** 카피라이터, 광고
　　문안 작성자 **copy** 광고문안; 사본; 복사; (책의) 부, 권
　　→copyright by Daum Communications Corp. 다음 사에 저작권 있음.
　　　hold[own] copyright on ~ ~에 대한 판권을 가지고 있다

□ 캐리커처 **caricature** 풍자만화; 서투른 모방
　　→make a caricature of ~ ~을 만화화하다
　　cf. **cartoon** (시사) 만화; 신문의 연속만화(comic strip)

□ 캐스팅 **casting** 배역(선정); 던지기 **cast** 던지다; (배우에게 역을) 배정하다
　　→alter the cast 배역을 바꾸다
　　casting vote 캐스팅보트 – 가부동수일 경우 의장이 가지는 의결권

□ 캐주얼 **casual** 우연의, (복장이) 약식의, 임시의; 임시노동자, 평상복
　　→a casual meeting 우연한 만남 a casual wear 평상복
　　cf. **casualty** 재난, 사상자

□ 캐파 **capa** capability의 줄임말. 생산량; (수)용력; 능력; 자격
　　→excess capacity 과잉 생산시설[능력] capacity usage ratio 조업률

□ 캐피털 **capital** 자본, 수도, 대문자; 자본의, 수도의, 치명적인
　　→a capital fund 자본금 a capital city 수도 a capital error 치명적인 실수
　　cf. **assets** 자산 **debts; liabilities** 부채 **Capitol** (미) 국회의사당

□ 커리어 **career** (전문적인) 직업; 경력
　　→a career woman 전문직업여성 a career diplomat 직업외교관

□ 커넥션 connection 관계; 연줄; 접속(편);거래처 **connect** 연결하다
  →trade connection 거래관계 criminal connection 간통
  cf. 외교관계 diplomatic relations 적대관계 hostile relations
    인간관계 human relationship
    회사내의 인간관계 interpersonal relationship in the company

□ 커리큘럼 curriculum 교육과정; 활동계획
  →a well-rounded curriculum 균형 잡힌 교과과정

□ 커뮤니케이션 communication 통신; 전달; 정보교환
  communicate (정보, 뉴스 등을) 전달하다; 통신하다
  →the technology of communications 통신기술
    a communications networks 통신망

□ 컨벤션 convention 회의, 집회; 국제 협정; (사회의) 관습
  →an annual convention 연차총회 climate Convention 기후협약
    convention center 컨벤션 센터 – 회의실, 전시장소나 숙박시설이 있
    는 종합빌딩

□ 컨설팅 consulting (전문지식을 가진 사람의) 자문, 상담
  consultant 컨설턴트, (어떤 분야의) 전문(상담)역
  →management consulting 경영진단
  cf. **counselor** 카운슬러; 상담역, 의논상대자

 컨설턴트의 영역

image consultant 이미지 컨설턴트 – 사람의 외적인상을 관리 · 창조해 주는 전문가
campaign consultant 선거 컨설턴트 – 후보자에 대한 선전, 홍보, 여론조사, 공약개발, 유세
지도 등을 해 주는 전문가
management consultant 경영 컨설턴트 – 어떤 기업의 경영실태를 조사하고 문제를 진단하여
구체적인 개선방안을 권고해 주는 전문가

□ 컨셉 **concept** 개념; 구상, 발상; 방향, 나아갈 길
　　→ design[marketing, production] concept 디자인[마케팅, 제품] 컨셉
　　cf. 포지셔닝 **positioning** 소비자의 마음속에 자사 제품이 가장 유리한 위치
　　　에 있도록 노력하는 것. 다시 말해 '소비자의 욕구와 기존제품의 불만족
　　　원인 파악, 경쟁상대 파악, 비교 광고 등의 전략' 을 세우는 일련의 과정을
　　　말합니다.

□ 컨택 **contact** 접촉, 연락; 교제(association); (의학) 보균용의자; 마약상
　　→ personal contact[touch] 개인적 접촉　a close contact 긴밀한 접촉
　　cf. **contact lens** 콘택트렌즈

□ 컨테이너 **container** 용기, 넣는 것
　　→a flexible container for carrying things 물건 운반용 탄력용기

□ 컨트롤 **control** 지배, 통제; 억제; (기계의) 조정장치(controller)
　　→traffic control 교통정리　birth control 산아제한

□ 컬러리스트 **colorist** 색채전문가; (미용실) 염색전문가
　　→rare colorist in Korea 한국에는 드문 컬러리스트
　　　·참고· **curator** 큐레이터 — 박물관, 도서관, 미술관 등에서 전시기획 및 관리를 하는 사람
　　　　narrator 내레이터 — (영화, 연속극 등에서) 내용이나 줄거리를 해설해 주는 사람
　　　　developer 디벨로퍼 — 도시주택[부동산] 개발업자

□ 컬럼 **column** (신문의) 특정기고란; 기둥
　　→ the editorial column 사설란　advertisement columns 광고란
　　　vertebral column 척추

□ 컬렉션 **collection** 미술품, 우표, 화폐, 의복 등을 모아 발표하거나 전시하는 일;
　　　수집, 수금 **collect** 모으다, 수집하다, 수금하다 **collector** 수금원

□ 컴백 comeback （인기, 건강 등의） 회복; 복귀

　→The singer retired at 30, then made a **comeback** 45 with a new song. 그 가수는 30세에 은퇴했다가, 45세에 새 노래로 돌아왔다.

□ 컴포넌트 component （시스템이나 시스템의） 부품; 구성요소

　→engine component 엔진 구성품 stereo component 스트레오 컴포넌트

□ 케어 care 돌봄; 관리; 주의; 걱정

　→take care of ~ ~을 돌보다　care for ~ ~을 좋아하다
　Take care! 몸조심해.
　　·참고· 걱정, 근심 = **care, concern, anxiety, worry**

□ 코멘트 comment 논평（remark）; 비판（criticism）

　→make a brief comment 간단히 논평하다

□ 코스 course 순서; （행동의） 방침; 교육과정; （식사의） 코스

　→a course of action 행동방향[노선]　foundation course 기초과정

□ 코스모스 cosmos 우주; 질서, 조화; 코스모스（꽃）
　（opp. 케이아스 **chaos** 혼돈, 무질서, （물리） 카오스）
　cosmopolitan 세계주의의, 전 세계적인, 국제적인; 세계주의자
　→a cosmopolitan outlook 세계주의 입장의 견해

□ 코팅 coating 칠, 입힘; （광학） 코팅

　→ceramic coating 세라믹코팅
　　·참고· 우리가 흔히 책표지에 얇게 막을 입힌 것을 coating이라고 하는데 영어로는 laminating（라미네이팅）이라 합니다.

□ 코즈메틱스 **cosmetics** 화장품 **cosmetic** 화장용의, 미용의
　　→ International Beauty & Cosmetics 국제 화장품 미용박람회
　　　 cosmetic surgery 미용성형외과

□ 콘돔 **condom** 남성용 피임기구
　　cf. 여성용 피임기구－femidom (페미돔) diaphragm 패서리 (pessary)

□ 콘테스트 **contest** 경쟁, 경연
　　→ a beauty contest 미인대회 a contest for power 권력투쟁

□ 콘티 **conti** continuity의 줄임말로 (영화, 방송 등의) 촬영대본
　　→ This movie is out of **continuity**. 이 영화는 연속성[일관성]이 없다.
　　cf. a film script 영화대본
　　　　 └ 상연용 대본

□ 콤비 **combi** combination의 줄임말로 결합, 배합
　　→ a good[an ideal] combination 명콤비
　　　 combination drug[sale, lock] 복합약[끼워팔기, 다이얼 자물쇠]

□ 콤팩트 **compact** 빽빽한; 소형자동차, 휴대용 분갑, 계약
　　→ compact disc player 콤팩트디스크(CD) 플레이어

□ 콤플렉스 **complex** (어떤 것에 대한) 고정관념[공포] ; (건물들의) 집합체
　　→ a leisure complex 종합위락시설 sports complex 종합운동장
　　참고 Oedipus Complex 오이디푸스 콤플렉스
　　　 － 4～6세의 남자 아이들이 어머니를 사랑하고 아버지와는 갈등관계에 빠지는 상황.
　　　 Electra Complex 엘렉트라 콤플렉스
　　　 － 4～6세의 여자 아이들이 아버지를 사랑하며 어머니를 경쟁상대로 놓고 겪는 심리적 갈등 상황.

□ 쿠션 **cushion** 방석; 완충물; (당구대의) 쿠션
→ air cushion 공기방석, 에어쿠션 three‒cushion billiards 스리쿠션 당구
cf. **caution** 주의; 경계

□ 쿠폰 **coupon** (상품에 첨부된) 할인권; 경품교환권
→ a gift coupon 경품권 a food coupon 식권

□ 쿨 **cool** 멋진; 냉정한
→ cool[crazy] guy 멋진[미친] 놈
My life is so cool. 내 인생은 정말 멋져요.

□ 쿼터 **quota** (수출, 수입 등의) 할당량
→ production quotas 생산할당량
screen quota system 스크린 쿼터제 (자국 영화 보호를 위해 자국 영화를
1년에 일정 일수 이상 의무적으로 상영하게 한 제도)

□ 퀄리티 **quality** (제품의) 품질; 작품성(opp. 콴티티 **quantity** 양)
→ **quality control** 품질관리(QC) **quality start** 퀄리티 스타트‒선발투
수가 6이닝 이상을 던지고 3실점 이하로 막은 경기를 말하는 야구용어(QS)

□ 크리스털 **crystal** 수정, 고급납유리; (광물의) 결정; 맑고 투명한
→ liquid crystal 액정 crystal‒clear water 수정같이 맑은 물

□ 크린 **clean** 깨끗한, 청결한, 오염되지 않은; 청소하다
→ clean gold 순금 clean room 청정실, 무균실

□ 클라이맥스 **climax** 절정, 최고조; 오르가슴
→ The **climax** of something is the most important moment in it.
어떤 것의 클라이맥스는 그것에서 가장 중요한 순간을 말한다.

□ 클라이언트 **client** 고객, (변호사 등의) 의뢰인; 단골의

→a valued client 중요한 고객 cf. 바이어 **buyer** 구매자

> **·참고·** client 의사, 변호사 등의 전문적인 서비스를 받는 사람
> **customer** 상점 등에서 정기적으로 물건을 사는 손님
> **patron**[페이트런](호텔, 상점 등의) 단골손님, 고객; 보호자, 후원자

□ 클로닝 **cloning** 유전적으로 똑같은 생물을 얻는 기술; 복제

→human[gene, embryo] cloning 인간[유전자, 배아] 복제

cf. **abortion** 낙태, 유산 **miscarriage** 유산

□ 클레임 **claim** (계약위반에 대한) 보상의 청구, 요구, 청구; 청구하다

→a claim for damages 손해배상의 청구

claim damages 손해배상을 청구하다

□ 클렌징 **cleansing** 깨끗이 함; 세안; 청소

→cleansing cream 클렌징크림(유지성의 세안용 크림)

deep cleansing 딥 클렌징 – 피부 깊숙이 있는 노폐물을 제거해 주는 것

double cleansing 더블 클렌징 – 이중세안

cleansing foam 클렌징 폼 – 거품을 이용하여 더러움을 제거하는 세안제

> **·참고·** **oily skin** 지성피부 **dry skin** 건성피부 **normal skin** 중성피부 **dark circle** 다크 서클
> **allergy** 알레르기 **massage** 마사지 cf. **message** 메시지

□ 클리닉 **clinic** 진료소, 상담소

→sleep disorders clinic 수면 장애 클리닉

> **·참고·** **clinic** 진료, 치료만 하는 1차 전문진료기관
> **hospital** 개인병원 등의 소규모 병상을 갖춘 2차 진료기관
> **general hospital** 종합병원

□ 타월 **towel** 수건 cf. 행커치프 **handkerchief** 손수건
→throw in the towel 포기하다, 항복하다

□ 타깃 **target** (활동의) 목표, 대상, 표적; ~을 타깃으로 삼다
→advertising target 광고목표 hit the target 명중하다

□ 타이트 **tight** (옷이) 꼭 끼는(opp. **loose** 느슨한); (스케줄이) 빡빡한
→a little tight (옷이) 조금 끼는
airtight[watertight] 밀폐된[방수의(waterproof)]

□ 타이틀 **title** (회사에서의) 직함; 표제, 제목; (영화, TV) 자막; 선수권
→issue of titling 호칭문제 title match 선수권 시합
main title 메인타이틀(영화나 TV 프로그램의 제목)

□ 타임 **time** 시간, 시대; ~ 회, ~ 배
→ the opening[closing] time 개점[폐점] 시간
three times a day 하루에 3번

□ 타입 **type** 형, 유형; ~ 형의 사람; 전형, 표상
→an ideal type 이상형 blood type[group] 혈액형
true to type 전형적인

□ 태클 **tackle** (경기의) 태클, 도구; 태클을 걸다, 논쟁하다
→sliding tackle 슬라이딩 태클 writing tackle 필기도구

□ 터치 **touch** 만짐; 언급; 접촉 **touching** 접촉한; 감동시키는
→the sense of touch 촉감 close touch 긴밀한 관계

□ 터프 **tough** 질긴(opp. **soft; tender** 부드러운); 튼튼한, 강인한, 억센
　→tough meat 질긴 고기　a tough guy 강인한[억센] 사나이

□ 템테이션 **temptation** 유혹, 마음을 끄는 것
　→fall into temptation 유혹에 빠지다
　　resist[withstand] temptation 유혹을 견디다
　　overcome temptation 유혹을 이겨내다
　　succumb[yield to] temptation 유혹에 지다

□ 테이블 **table** 탁자; 식탁; 일람표, 목록
　→round-table discussion 원탁회의　at table 식사중
　　a table of descent 계보, 족보　table manners 식탁예절
　　•참고• 탁상공론 = a desk theory; an armchair argument; an academic discussion

□ 테크놀러지 **technology** 과학기술; 응용과학
　→ futuristic technology 선진 과학기술
　　Bio[Nano] Technology 생명공학[나노 테크놀로지]　**nano- 10억분의 1

□ 테크닉 **technic; technique** 전문기술; (예술, 스포츠 등의) 기교, 기법
　→flawless technique 완벽한 기술
　　up-to-date-technique[technology] 첨단기술

□ 텍스 **tax** 세, 세금; 회비; 부담
　→income tax 소득세　value-added tax 부가가치세(VAT)

□ 토털 **total** 전체의, 총계의; 총력인; 완전한

→ the total cost[output, expenditure] 전체비용[총생산고, 총경비]

the sum total 총액 a total failure 완전한 실패

□ 토픽 **topic** 화세; 주제, 논제

→ current topic 오늘의 화제, 시사문제

change the topic of conversation 화제를 바꾸다

cf. **subject** - 토론, 저작, 미술 등의 주제

theme - 저작, 연설 등의 기본이 되는 개념

□ 툴 **tool** 도구, 연장(instrument); (목적을 위한) 수단, 방편

→ multipurpose tool 만능공구

a tool of communication 전달수단

tool kit 도구세트[함] **kit 연장궤; 도구[용구] 한 벌

□ 트랙 **track** (음반에 녹음된) 곡; 자취; 육상경기

→ Original Sound Track 원본 영화 배경음악(OST)

automobile tracks 자동차 바퀴자국

□ 트러블 **trouble** 분쟁; 곤란; (국부적인) 병; (성격상의) 문제점

→ labor troubles 노동분쟁

eye[heart, stomach, mental] trouble 눈[심장, 위장, 정신] 병

□ 트레이드 **trade** 무역, 상업, 직업, 업계, 거래처; 교환하다, 선수를 다른 팀에 보내다 **trading** 통상의, 상업에 종사하는

→ foreign[protected] trade 외국무역[보호무역]

an adverse balance of trade 무역역조

Korean trade with the United States 한국의 대미무역

□ 트레이드마크 **trademark** 상표; (사람, 사물을 상징하는) 특성

   → trademark infringement 상표권 침해

     trademark registration 상표등록

□ 트렌드 **trend** 경향; 추세; 유행(fashion); 방향

   → a trend in woman's fashion 여성 패션의 한 유행

    trend watcher 트렌드워처 – 최신 유행의 흐름을 포착, 분석하여
    업체에 파는 전문 직업

□ 트리트먼트 **treatment** 취급방법; 치료(법), 치료제; 대우; 처리

    treat 취급하다, 대우하다, 치료하다, 처리하다

   → delicate treatment 신중한 취급 cruel treatment 푸대접

     hair[scalp; nail] treatment 두발[두피; 손톱] 관리[치료](제)

     waste[wastewater; heat] treatment 폐기물[폐수; 열] 처리

□ 티켓 **ticket** 입장권; 승차권; 교통위반딱지

   → a concert ticket 음악회 입장권

    a speeding ticket 속도위반딱지

□ 팁 **tip** 비밀정보, 힌트; 사례금

   → the straight tip 확실한 정보

    I gave her a ten-dollar **tip**. 나는 그녀에게 10달러의 팁을 주었다.

   참고 **hear** 우연히 듣다, 들리다 **overhear** 우연히 듣게 되다 **listen to** 의도적으로 귀 기울여 듣다
   eavesdrop 의도적으로 엿듣다, 도청하다

□ 파노라마 **panorama** 전경(complete view); 연달아 바뀌는 광경; 주마등

→a wide panorama 넓은 전망 a panoramic view 파노라마 같은 전경

□ 파워 **power** 힘; 능력; 권력; 정권; (기계의) 동력

powerful 강한, 강력한, 유력한(influential)

→power game 권력[지배력] 획득경쟁 power line 전력선, 송전선

> **·참고·** **power** 힘, 능력을 뜻하는 일반적인 말–the power of money 돈의 힘
> **energy** 잠재적이거나 축척된 힘–conservation of energy 에너지 보존
> **strength** 개인의 행위, 행동을 가능하게 하는 힘; 강점, 장점–economic strength 경제력
> **might** 권력 등의 강력한 힘–Might is right. 힘이 정의다.
> **force** 실제로 쓰이는 육체적, 정신적인 힘; 완력, 폭력–the force of one's mind 정신력

□ 파이낸싱 **financing** 융자; 자금 조달 **financial** 재정상의, 금융의

→conditional financing 조건부 융자 **finance** 재정; 자금조달

financial ability[difficulties, resources] 재력[재정난, 재원]

□ 파인 **fine** 훌륭한, 멋진, 가느다란, 고운, 고급의; 벌금

→fine play 멋진 플레이 fine rain[thread] 가랑비[가는 실]

a parking fine 주차위반요금

□ 파트너 **partner** 동료, 협력자, 상대, 배우자; 동료로서 함께 일하다

→your success partner 당신의 성공적인 파트너

a partner in crime 공범자

□ 파티 **party** (사교상의) 모임; 부대; 정당; 관계자

→a dancing party 댄스파티 a search party 수색대

a political party 정당 a third party 제3자

cf. **parting** 이별, 작별(departure) **part** 헤어지다; 부분, 부품, 지역

□ 판타지 **fantasy** 환상, 공상 **fantastic** 환상적인; 기이한; 엄청난
　　→fantasy books 공상소설 fantastic sums of money 엄청나게 큰 돈

□ 팔러시 **policy** 정책, 방침; 증권
　　→foreign policy 외교정책 personnel policy 인사정책
　　open-door policy 문호개방정책
　　cf. **impolicy** 졸책, 무분별한 행동

□ 패널 **panel** (토론회, 좌담회의) 토론자단; (자동차, 비행기의) 계기판;
　　(건축용) 널빤지
　　→panel survey 패널조사 panel discussion 패널토의, 공개토론회

□ 패러디 **parody** (문학, 정치 등에 있어서의) 원작의 모방, 풍자, 조롱
　　→Internet-Parody 인터넷 패러디

□ 패닉 **panic** (경제) 공황; 공포
　　→a stock-market panic 주식공황

□ 패러독스 **paradox** 역설, 모순된 말[것]
　　It's a **paradox**, but the elder he gets, the more active he is.
　　역설적이지만 그는 나이가 들수록 더 활동적이다.

□ 패시지 **passage** (인용한) 한 구절; 통행, 통과, 통행권
　　→according to the passage 지문에 따르면
　　No **passage** this way. 이 길은 통행금지.

□ 패션 **fashion** 유행(vogue); (여성복의) 패션; 풍습
　　→a new fashion 최신 유행 in fashion 유행하는
　　out of fashion 유행에 뒤떨어진 follow the fashion 유행을 따르다

□ 패턴 **pattern** 모양, 무늬; 양식; 모범, 귀감
→a spiral pattern 나선형 도안 [무늬]
the behavior patterns of teenage 10대들의 행동양식
the pattern for others 타의 모범

□ 패키지 **package** (포장한) 상품; 포장; 일괄거래
→package paper 포장지 package tour 여행사의 일괄알선여행

□ 패트리어트 **patriot** 애국자 **patriotism** 애국심
→Patriot 패트리어트 미사일 an ardent patriot 열렬한 애국자
one's heart burning with patriotism 애국심에 불타는 마음

□ 팬 **fan** 선풍기; (영화, 스포츠의) 팬, 애호가, ~광
→an electric fan 선풍기 a extractor fan 환풍기
a film fan 영화팬[광] fan club 팬클럽(가수, 배우 등의 후원회)

□ 팰리스 **palace** 궁전; 호화로운 건물
→the imperial palace 황궁
cf. **place** 장소, 공간, 자리

□ 팸플릿 **pamphlet** (설명, 광고용) 소책자
→distribute[hand out] pamphlets 팸플릿을 나누어 주다

□ 퍼즐 **puzzle** 당황(confusion), 수수께끼(riddle), 퍼즐; 당황하게 하다
A **puzzle** was solved. 수수께끼가 풀렸다.
cf. **muzzle** 입마개, 재갈, 총구, 주둥이

□ 퍼펙트 **perfect** 완전한(complete); 최적의
→perfect love[right] 완전한 사랑[권리]
cf. complete[sweeping] victory 완승 **shut out** (야구에서) 완봉하다

□ 페널티 **penalty** 처벌; 벌금; 불리한 조건
→death penalty 사형 penalty kick 페널티킥
cf. **kick off** (회합 등을) 시작하다; 처음 차다

□ 페스티벌 **festival** 축제, 제전, 잔치
→the festival of Christmas 크리스마스 축제
the International Food Festival 세계요리축제

□ 페어 **fair** 박람회, 전시회, 설명회; 공정한, 정당한
→an international trade fair 국제무역박람회
a job fair 취업설명회 a fair tackle 정당한 태클

□ 페이스 **face** 얼굴; 사람; 표면(surface)
→a new face[figure] 신인(rookie)
poker face 포커페이스-상황의 변화에도 무표정하거나 마음의 동요를 나
타내지 않는 얼굴
cf. **pace** 걷는 속도; (일처리) 속도→a quick pace 속보

□ 페이퍼 **paper** 서류; 신문; 종이
→ paper work 서류업무 citizen's papers (미국의) 시민권 증명서
a daily paper 일간지 a morning[evening] paper 조간지[석간지]

□ 포럼 **forum** 공개토론회; (라디오, TV 등의) 토론 프로그램
→Economic Forum 경제포럼 Social Investment Forum 사회투자포럼

□ 포스트 **post** 기둥, (축구의) 골포스트; 우편; 지위; 후임
→ a lamp post 가로등 기둥   the post office 우체국
an important post 요직   Post no bill 벽보금지

·참고· Post It 끝에 접착제가 칠해져 있는 부전지로 상표명입니다.

□ 포인트 **point** 점수, 득점; 요점, 핵심; 주장; (온도의) 도; (뾰족한) 끝
→ be beside the point 요점에서 벗어나다
the freezing[boiling, melting] point 빙점[비등점, 융해점]
the blunt point 뭉뚝한 끝

□ 포즈 **pose** 자세, 포즈, 마음가짐(mental attitude); 자세를 취하다
→ a casual pose 자연스러운[격식을 차리지 않는] 자세
pose for a picture 사진을 위해 포즈를 취하다

□ 포커스 **focus** 초점, (관심 등이 쏠리는) 점, 중심, (지진의) 진원;
~에 초점을 맞추다, 집중시키다 **focal** 초점의
→ the primary focus 주요 관심 focal distance 초점거리
The Forum will **focus** on international policy.
그 포럼은 국제정책에 초점을 맞출 것이다.

□ 포터블 **portable** 휴대용의, 들고 다닐 수 있는
→ a portable radio[radiophone] 휴대용 라디오[무선전화기]

□ 폼 **form** 양식, 서식; 모양; 예법 **formal** 형식적인; 의례적인
(opp. **informal** 비공식의) **formation** 형성, 구성
→ an order form 주문서 an application form 지원서
formal words[expressions, style] 딱딱한 말[표현, 문체]
an informal gathering 격의 없는 회합

☐ 푸시 **push** 밀다, 후원하다, 강요하다; 밀기, 후원

→Don't **push** at the back. 뒤에서 밀지 마세요.

Don't **push** me so far. 너무 강요하지 마세요.

Push Money 푸시머니–특정제품의 판매를 목적으로 광고주가 소매상

의 판매원들에게 지불하는 상금

┌ 참고 ┐ 후원 = support, backing, push, help, assistance, aid

→ the backing of public opinion 여론의 후원

☐ 퓨전 **fusion** 용해, 융합, 두 가지 이상의 요소가 만나 서로 조화를 이루는 것; 연합

→nuclear fusion 핵융합

fusion food : 동서양 음식이 만나 서로 조화가 잘 된 음식

fusion jazz : Jazz와 Rock이 합쳐진 음악

☐ 퓨처 **future** 미래; 장래, 성공가능성

cf. **past** 과거 **present** 현재

→a man with a future 성공가능성이 있는 사람

futures tour 퓨처스 투어– 골프의 2부 투어

cf. **feature** 특집기사; 인기프로; 간판상품; 특색

☐ 프라이드 **pride** 자존심; 긍지; 자랑거리; 자만, 오만(false pride)

→keep[lose, hurt] one's pride 자존심을 지키다[잃다, 손상하다]

☐ 프라이버시 **privacy** (남의 간섭을 받지 않을 개인의) 사생활; 사적자유

→invasion of privacy 프라이버시 침해

privacy protection 사생활보호

☐ 프랜차이즈 **franchise** 체인점 영업권; 가맹점; 방송권; 선거권

→ territorial franchise 지역 프랜차이즈 franchise tax 면허세, 영업세

cf. **chain** 체인점, 연쇄점; 쇠사슬; 족쇄; (자전거의) 체인

□ 프러포즈 propose 청혼하다; 제안하다 **proposal** 제안, 결혼신청

→I **proposed** to her. (I made a **proposal** to her.)

나는 그녀에게 청혼했다.

□ 프로그램 program 상연종목, 연주곡목; 학습계획; 계획, 스케줄

→TV program 텔레비전 편성 프로그램

What's your **program** for this afternoon?

오늘 오후 예정이 어떻게 되어있습니까?

□ 프런트 front ~의 앞, 정면; (군사) 최전선; (기상) 전선

→front desk (호텔 등의) 접수계

a cold[warm] front 한랭전선[온난전선]

•참고• 스포츠에서 프런트라고 하면 선수와 코칭 스텝을 제외한 "구단주 이하 구단을 운영 하는 사람들"을 말합니다.

□ 프로듀서 producer 생산자(opp. **consumer** 소비자); (TV 등의) 프로듀서

production 프로덕션, (영화, 음반의) 제작소; 생산

→producer's price 생산자 가격 Consumer Price Index 소비자 물가지수

□ 프로모션 promotion 판매촉진활동; 승진 **promote** (판매 등을) 촉진하다

→sales promotion 판매촉진(판촉) get a promotion 승진하다

•참고• advertising 광고 publicity 홍보

□ 프로세스 process (만드는) 방법, 과정, 공정; (사건 등의) 진행; 작용

→the process for making steel 강철을 만드는 과정

the process of history 역사의 진행

□ 프로젝트 project (대규모) 사업계획, 계획, 기획, 연구과제; 예상하다

→housing project 주택계획 draw up a project 계획을 세우다

the human genome project 인간 게놈(유전자 지도) 프로젝트

□ 프로필 **profile** 인물소개; 옆얼굴; 측면도; 윤곽

　　→a profile of Mr. Park's career 박 선생님의 경력프로필

□ 프리 **free** 자유로운, 한가한 **freedom** 자유(liberty)

　　→You are **free** to go or stay as you please. 가든지 안 가든지 네 자유이다.

　　justice and freedom 정의와 자유　freedom of speech 언론의 자유

　　freedom from duty 비과세

　　cf. **freelance** 자유계약의; 자유계약자, 프리랜서

　　·참고· Give me liberty or give me death.
　　　　자유 아니면 죽음을 달라.

□ 프리미엄 **premium** 보험료, 포상금, 액면가격이나 계약금액 이상으로 지불되는

　　할증금, 권리금, 아파트의 분양가와 시가와의 차액; (상품이) 고급의

　　→insurance premium 보험료　premium beer 고급 맥주

□ 프리젠테이션 **presentation** (자신의 생각을 이해하기 쉽게) 발표(하는 것); 소개;

　　증정; 수여식, 설명회; TV 등의 막간 프로그램(일기예보 등)

　　→Thank you for listening my **presentation**!

　　　제 발표를 들어주어서 감사합니다.

　　presentation meeting (회사의) 제품설명회

　　cf. **representation** 표현; 대표, 대리

□ 플라자 **plaza** 쇼핑센터; (대)광장

　　Many people assembled themselves in the **plaza**.

　　많은 사람들이 광장에 모였다.

□ 플랜 **plan** 계획, 안; 제도

　　→master plan 종합기본계획　a rough plan 대략적인 계획

　　business plans 사업계획서　a pension plan 연금제도

□ 플랜트 plant (공장설비, 기계장치, 전기통신 등의 종합체로서의) 생산시설
→an automobile plant 자동차 공장 the heating plant 난방장치

□ 플랫폼 platform (정당의) 정강; (역의) 플랫폼
→the platform of a new party 신당의 정강
a departure platform 발차플랫폼 an arrival platform 도착플랫폼

□ 플래시 flash 번쩍번쩍하는 불빛, 섬광, 뉴스속보; 순간적인
→a flash of lightening 번갯불의 번쩍임 news flash 뉴스 특보
flash freezing 순간냉동 flash memory 플래시 메모리

□ 플로리스트 florist 꽃 관련 전문가; 화초연구가; 화훼 판매업자
→small florist business 소규모 꽃 판매업
cf. **flower coordinator** 플라워 코디네이터 - 호텔, 방송국, 파티장 등의
공간에 꽃을 장식하는 전문 직업인

□ 플로어 floor (건물의) 층; (가격 등의) 최저한도(opp. **ceiling** 최고한도)
→the 5th floor of a fifteen - story building 15층 건물의 5층

□ 피드백 feedback (정보, 질문, 서비스 등을 받은 측의) 반응, 귀환; 조사결과;
출력신호를 입력 측에 돌리기
→consumer feedback 소비자들의 반응
the feedback from an audience survey 시청자조사의 결과

□ 피리어드 period 기간; 시대; (경기의) 시간 구분, 마침표, 종지부
→a period of social unrest 사회불안의 시기   a transition period 과도기

□ 피크 **peak** 최고점, 최대량

→ the peak of traffic 최대 교통량

peak time 피크 타임 - (차량, 손님 등이) 가장 많이 몰리는 시간

(시청률이 가장 높아 광고비가 가장 비싼 시간대로 prime time이라고도 합니다.)

□ 피트니스 **fitness** 체력, 근력; 건강상태; 적성, 적합

→ a fitness test 체력테스트 one's fitness for the job 직무적성

fitness center[club] 헬스클럽

·참고· health promotion 건강증진 disease prevention 질병예방

□ 필드 **field** 업계, 분야(sphere); (일, 사업의) 현장; 경기장

→ the field of teaching 교육 분야

field work 실지조사, 야외활동, 현장학습

□ 필링 **feeling** 느낌, 감정; 감각

→ inferiority[superiority] feeling 열등감[우월감]

·참고· 감정 = feeling, emotion, sentiment, passion, enthusiasm

□ 하우스 **house** 집, 가정, 의원들; 의회; 사내용의, 판매점의 상표가 붙은

→ a four roomed house 방 4개짜리 집

The House of Parliament 국회의사당 a house journal 사보

the upper[lower] house 상원[하원] play house 소꿉장난하다

the store's own house brand 그 가게 고유의 상표

□ 하이라이트 **highlight** (뉴스, 이야기 등의) 가장 흥미 있는 장면[사건]

→ the highlights in today papers 오늘 신문의 중요기사

□ 하이테크 **hightech** 고도의 과학기술 **high-tech** 고도기술의, 첨단기술의

→ the high-tech age 고도 기술시대

□ 해피 **happy** 행복한, 기쁜; 행운의(lucky)

→ What makes you so **happy**?

왜 그렇게 기분이 좋아?

•참고• 행운의 = **happy, lucky**(우연한 ~), **fortunate**(당연한 것으로 ~)

□ 핫 **hot** (보도 등이) 최신의; (상품이) 잘 팔리는; 뜨거운; (혀, 코를) 톡 쏘는

→ hot news 가장 새로운 뉴스 hot item 잘 팔리는 상품

•참고• **hot line** 핫라인 :(정부 수뇌 간의) 긴급 직통전화; (전화를 이용하는) 시청자 참가프로

□ 핸디캡 **handicap** 불리한 조건, 신체장애; 핸디캡을 붙이다

→ the only handicap of the business 그 사업의 유일한 불리한 조건

a physical handicap 신체장애

□ 핸들링 **handling** 취급(방법); 운용; 조종; (상품의) 출하; (축구의) 핸들링

handle 손잡이, 취급방법, 요령; 다루다, 처리하다, 장사하다, 대우하다

→ a handling of a crisis 위기처리솜씨 shipping and handling charges

발송제경비(우편료, 운임, 보험, 포장료 등)

•참고• 자동차 핸들 (**steering**) **wheel** 자전거 핸들 **handlebars**

□ 행거 **hanger** 옷걸이; (버스 등의) 손잡이; (상점 안의) 포스터

→ a clothes - hanger 옷걸이

□ 허니문 **honeymoon** 신혼여행 **honeymooner** 신혼여행자

a honeymoon resort 신혼여행지

cf. **newly - married couples** 신혼부부

Where are you going on your **honeymoon**?

신혼여행은 어디로 갑니까?

□ 허브 **hub** (상권, 교통, 활동의) 중심, 중추; (선풍기, 바퀴 등의) 축
　→ the Hub of Asia 아시아의 중심
　　a hub of Auto industry 자동차 산업의 중심지
　cf. **the Heart of Northeast Asia** 동북아의 중심 **herb** 풀, 약초

□ 헤드라인 **headline** (TV 뉴스의) 주요제목; (신문기사의) 큰 표제
　→ CNN Headline News CNN의 주요뉴스
　　참고 **CNN** : Cable News Network

□ 헤드헌터 **headhunter** (기업의) 인재 스카우트 담당자
　headhunting 인재 스카우트
　→ a headhunter company 인재 스카우트 회사
　cf. **recruiter** (기업의) 채용담당자
　　hijacker 비행기 납치범
　　a real estate agent 부동산 중개업자, 공인중개사
　　scout 스카우트, 유명 신인 발굴이나 빼내기; 정찰병

□ 호스트 **host** (의식 등의) 진행자, (TV, 라디오, 회의 등의) 사회자, (손님을 접
　　대하는) 주인; (파티, 회의 등에서) 주인노릇을 하다
　→ act as host to a conference 회의를 주재하다
　　host a TV show 텔레비전 쇼의 사회를 보다

□ 홀딩 **holding** 보유, 쥠; (스포츠의) 홀딩; 토지보유; 소유재산
　→ foreign exchange holding 외환보유액
　　holding company 지주회사 small holdings 소규모 토지

☐ 홀리데이 **holiday** 휴일, 공휴일
→ We have a **holiday** every Sunday. 우리는 일요일마다 쉰다.
a national holiday 국경일

☐ 휴먼 **human** 인간; 인간의 **humanist** 휴머니스트, 인도주의자
→ a human being 인간 human cloning 인간복제
human resources development 인력자원개발, 인재개발

☐ 히트 **hit** 침, 타격; 성공; (야구) 안타
→ The play is a **hit**. 그 연극은 성공이다.
a sacrifice hit 희생타 a clean hit 깨끗한 안타

3 인터넷 용어

□ 가상메모리 **Virtual Memory** 말 그대로 실재로는 존재하지 않지만 사용자에게
대용량의 메모리나 저장 공간을 사용하도록 한 것을 말하는데 윈도우는 하드
디스크의 일정영역을 가상메모리 공간으로 사용합니다.
****virtual** 가상 기억의, (표면상은 그렇지 않으나) 사실상의

□ 네트워크 **Network** 방송망, 전송망, 통신망
computer network 컴퓨터 네트워크 – 여러 대의 컴퓨터와 단말기 사이
를 통신회선으로 연결한 컴퓨터의 이용형태
TV network 텔레비전 방송망
Telecommunication(s) Management Network 통신관리망 **TMN**

□ 다운로드 **Download** 내려받기 – 컴퓨터 통신망을 통하여 파일을 복사해오는 것
opp. **upload** 업로드 – 올려주기 – 사용자의 컴퓨터에 있는 파일을 인터넷
이나 컴퓨터통신에 전송하거나 공개자료실(data library)에 등록하는 것

□ 데이터 **Data** 자료, 정보 → process[retrieve] data 정보를 처리하다[검색하다]
cf. **date** 데이트 이성과의 약속; 날짜 → the date of one's birth 생년월일

☐ 데이터베이스 **Database** 컴퓨터 정보의 축척이 및 이 정보의 제공서비스

The virus corrupted the **database**.

바이러스로 인해 데이터베이스에 오류가 생겼다.

☐ 도메인 **Domain** 인터넷상의 김퓨터주소를 알기 쉽게 영문이나 한글로 표현한 것으로 네트워크를 관리하기 위한 영역을 말하며 사전적 의미는 '영토, 범위, 개인의 소유지'입니다. →join a domain 도메인에 가입하다

☐ 디렉토리 **Directory** 컴퓨터 외부기억장치에 들어 있는 파일 목록; 주소 성명록 →a telephone directory 전화번호부

☐ 램 **RAM** 데이터를 기록, 해독할 수 있는 주기억 장치로 Random Access Memory의 약어

☐ 로그 **Log** 입출력 정보 등을 기록한 테이터, 경과기록; 항해일지; 측정기 항해하다, 비행하다; 기록하다

→sleep like a log 통나무처럼 정신없이 잠자다

·참고· log in[on] 컴퓨터 사용을 개시하다

log off[out] 컴퓨터 사용을 종료하다

☐ 로밍 **Roaming** 동사 roam(정처 없이 돌아다니다, 배회하다)에서 나온 말로 "서로 다른 통신 사업자의 서비스지역에서도 통신이 가능하게 연결해 주는 서비스를 말합니다. →**Global Roaming Service** 글로벌 로밍 서비스 − 현재 사용하고 있는 번호나 ID로 해외에서 통신서비스를 이용할 수 있게 해주는 서비스

□ 리플 **Reply** 발음 '리플라이'의 줄임말로 댓글, 답글을 의미하며, 악성리플은 '악플'이라 합니다.

□ 멀티미디어 **Multimedia** 여러 미디어(문자, 음성, 영상 등)를 사용한 커뮤니케 이션(오락, 예술, 통신)

□ 메모리 **Memory** 기억장치; 기억용량→memory cell 기억소자

□ 바이러스 **Virus** <컴퓨터> 바이러스; <의학> 바이러스
→worm[CIH] virus 컴퓨터 바이러스의 일종
Influenza[HIV] virus 인플루엔자[인체면역결핍] 바이러스

□ 방화벽 **Fire Wall** hacker해커 등이 네트워크에 침범해 중요한 정보를 빼가지 못 하도록 하는 보안시스템의 일종을 말합니다.

□ 배너 **Banner** 인터넷 홈페이지에 접속하면 그 접속화면상에 띠 모양으로 보여 지는 그래픽 이미지로 마치 현수막처럼 생겨서 배너라고 부릅니다.
****banner** (슬로건을 적은) 기치; (광고용) 현수막; 신문의 톱에 걸친 제목
→under the banner of ~ ~의 기치 아래

> **참고** **Bait Advertisement** 미끼광고
> **POP 광고**(Point of Purchase ad.) 구매시점광고 : 소매점 안팎에서 하는 직접 구매에 결부된 광고
> **PPL**(Product in Placement) 영화나 드라마등에서 소품으로 특정제품을 노출시켜 광고효과를 노리는 간접광고
> **catch phrase**(캐치프레이즈) : 광고 속에서 소비자의 주의를 끄는 글귀

□ 백업 **Backup** (원본파일을 복사한) 예비파일; 지원(support; aid)
예비의(standby); 뒷받침이 되는→a backup file 여벌파일
a backup pitcher 백업투수(선발투수를 뒷받침해 주는 피처−중간계투, 마 무리)
cf. **picture** 그림, 사진 **back up** (플로피디스크를)카피하다

214

□ 버그 **Bug** 컴퓨터 프로그램의 작동을 방해하는 결함(defect)이나 오류; 곤충, 세균; 열광자(enthusiast) → the bugs of a computer program 컴퓨터프로그램의 결함 a movie bug 영화광

> **참고** 디버깅 **debugging** : 컴퓨터 프로그램 사용자가 오류를 찾아 미리 수정하는 것.

□ 브라우저 **Browser** 인터넷에서 모든 정보를 검색할 수 있도록 해주는 응용프로그램으로 문자, 이미지, 사운드파일을 검색 할 수 있는 멀티미디어소프트웨어입니다.

****browse** (책을) 띄엄띄엄 읽기; (상품을) 쓱 훑어보기

□ 블로그 **Blog** (Web 웹) + log((항해) 일지)의 줄임말로 "인터넷 일기"라고 할 수 있습니다. 네티즌이 웹에 기록하는 일기나 일지로 사용자의 관심사에 따라 일기, 근황, 칼럼 등을 자유롭게 올릴 수 있고 개인출판, 커뮤니티까지 갖출 수 있는 일종의 1인 미디어입니다.

□ 사이버 **Cyber** 컴퓨터 네트워크(통신망)

→cyber market[terror] 사이버 시장[테러]   cyber space 가상공간

□ 사이트 **Site** (컴퓨터의) 사이트(인터넷에서 도메인 네임을 가진 컴퓨터); 대지, 공간; (사건 등의) 현장

Portal Site 포털(입구, 현관) 사이트 – 이용자가 웹 페이지에 접속할 때 최초로 들어가는 곳으로 길라잡이 사이트라고도 합니다.

Hub Site 허브(바퀴의 중심) 사이트 – 중앙의 운영사이트를 중심으로 여러 개의 콘텐츠 제공 사이트들이 원을 이루며 연합하고 있는 사이트를 말합니다.

□ 서버 **Sever** 클라이언트(client 사용자)로부터 요청받은 동작을 수행하는 프로그램을 말합니다.

****proxy server** 프록시 서버 – 랜과 인터넷 사이에 중계자 역할을 하면서 해당 정보를 일시적으로 보관하는 중계서브를 말합니다. ****proxy** 대리(행위), 대리자

☐ 셰어웨어 **Shareware** 사용자들이 가격을 지불하지 않고 일정기간동안 무료로 사용해본 후 계속 사용하려면 가격을 지불해야 하는 소프트웨어로 정품 소프트웨어의 기능에서 몇 가지 기능을 없애 정품소프트웨어를 사게 만듭니다. cf. **프리웨어**(Freeware) 누구나 무료로 사용하는 것을 허락한 소프트웨어

☐ 솔루션 **Solution** 컴퓨터의 소프트웨어 패키지나 응용프로그램과 관계된 문제들을 처리해 주는 소프트웨어나 하드웨어; (문제의) 해결; 녹임; 용액, 물약
→a problem capable of solution 해결 가능한 문제

☐ 스캔 **Scan** (데이터를 <전자빔으로>) 주사하다; 훑다; 정밀조사하다
****scanner** 스캐너 →drum[flatbed] scanner 드럼[평판] 스캐너

☐ 아이콘 **Icon** 컴퓨터에서 각각의 프로그램들이 담고 있는 정보의 내용이나 기능을 함축하고 있는 작은 그림을 말합니다.

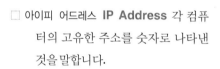

☐ 아이피 어드레스 **IP Address** 각 컴퓨터의 고유한 주소를 숫자로 나타낸 것을 말합니다.
DNS Domain Name Server도 **메인 이름 서버** 컴퓨터 주소를 숫자로 나타낸 IP address를 사용자가 알기 쉽게 문자로 바꿔주는 역할을 하는 서버를 말합니다.

☐ 액세스 **Access** 어떤 시스템의 정보를 이용하기 위하여 그 컴퓨터시스템에 들어가는것 또는 컴퓨터의 기억장치로부터 정보를 호출하는 것을 말합니다.
****access** 접근, 출입, 이용할 권리

☐ 애플리케이션 **Application** (컴퓨터의) 응용프로그램(특정한 업무를 처리하기 위해 만들어진 프로그램); 적용; 신청; 원서 → practical applications 응용 North Korea's application to join the United Nations 북한의 유엔 가입 신청

☐ 워크스테이션 **Workstation** 개인이나 적은 인원수의 사람들이 특수한 분야에서 사용하기 위해 만들어진 고성능컴퓨터로 그래픽, 컴퓨터설계(CAD), 시뮬레이션 분야에서 활용되고 있습니다.

☐ 웹 **Web** "World Wide Web(월드와이드웹)"의 줄임말로 동영상, 음성, 문자 등의 멀티미디어 환경에서 인터넷 정보를 찾아볼 수 있도록 해 주는 검색서비스 입니다.

☐ 유비쿼터스 **Ubiquitous** 물이나 공기처럼 "언제 어디에나 존재한다"는 뜻의 라틴어로 사용자가 시간, 장소에 관계없이 자유롭게 네트워크에 접속할 수 있는 환경을 말하며 사전적 의미는 "어디에나 있는(omnipresent)"입니다.

☐ 이모티콘 **Emoticon** 이모션(emotion 감정) + 아이콘(icon 컴퓨터 프로그램의 기능을 함축한 작은 그림)의 합성어로 컴퓨터 자판의 문자와 기호, 숫자 등을 조합해 감정을 전달하는 사이버공간의 특수언어를 말합니다.

☐ 이메일 **E-mail** 인터넷을 통하여 컴퓨터 사용자간에 편지나 정보를 주고받는 통신 방법

    ** **mail** 전자우편으로 보내다; 우송하다; 우편물

    ·참고· **spam mail**(스팸 메일) 발신자가 자신과 아무런 관계도 없는 수신자에게 일방적으로, 그리고 대량으로 보내는 전자우편으로 쓰레기나 다름없다 하여 **junk mail**(정크 메일)이라고도 합니다.

    mail bomb 메일 폭탄 - 상대방에게 피해를 줄 목적으로, 지속적으로 대용량의 전자우편을 보내 시스템의 고장을 일으키게 하는 수법입니다.

□ 인트라넷 **Intranet** 인터넷 소프트웨어의 표준을 기업 내 네트워크로 확대한 기업 전용 네트워크를 말합니다.

엑스트라넷 Extranet 기업에 보급되어 있는 인트라넷을 회사외부로 확대시킨 것으로 협력업체들과 서로의 전산망을 이용 업무를 처리할 수 있도록 인터넷 으로 연결한 것을 말합니다.

□ 인터넷 익스플로러 **Internet Explorer** – 마이크로소프트사가 개발한 웹 브라우저
　**explorer 검사자, 검사장치; 탐험가
　　explore 탐험하다; 조사하다

□ 인터페이스 **Interface** 사전적 의미로는 "(두 물건의) 공유영역"을 말하지만 컴퓨터에서는 서로 다른 두 시스템, 장치, 소프트웨어를 이어주는 부분이나 장치를 말합니다. (키보드, 프린트, 모니터 등)

□ 칩 **Chip** 직접회로에 붙이는 반도체 조각; 조각; 부스러기; 쓸모없는 것
　잘게 썰다→**blue chip** 블루칩 – 우량주식; (영업성적 등이) 우수한 기업
　potato chip 포테이토 칩

□ 커뮤니티 **Community** "이해, 문화 등을 공유하는 인터넷상의 공동체"나 "동호회"로 카페나 프리첼 커뮤니티가 대표적인 경우입니다.

□ 커서 **Cursor** 문자가 입력되는 위치를 표시하는 지시표[깜빡이]

□ 쿠키 **Cookie** 인터넷 웹 사이트에 방문기록을 남겨 사용자와 웹 사이트를 매개해 주는 정보를 담은 임시파일; 쿠키(과자); 사람, 놈(person)
　→a tough cookie 거친 놈[녀석]

□ 크래커 **Cracker** 어떤 목적을 가지고 타인의 컴퓨터시스템에 불법 침입하여 데이터를 파손하거나 시스템이 오류를 일으키게 하는 악의의 Hacker를 말합니다.

해커 Hacker 원뜻은 '컴퓨터나 컴퓨터 프로그래밍에 뛰어난 기술자로서 네트워크의 보안을 지키는 사람'을 가리켰으나, 현재는 다른 컴퓨터에 불법 침입하여 정보를 빼내거나 데이터를 불법 열람, 변조, 파괴하는 침입자라는 부정적인 의미로 쓰이고 있습니다.

****hacker** 컴퓨터 광, 무슨 일을 해도 안 되는 사람

□ 클릭 **Click** 마우스를 클릭하다; 성공하다

(의성어) 딸깍거리는 소리; 키스할 때 나는 소리(쪽)

→click one's tongue 혀를 차다

□ 키보드 **Keyboard** (컴퓨터) 글자판(입력 장치); (피아노) 건반; (악기) 키보드

The new computer has a smaller **keyboard**.

그 신형 컴퓨터에는 더 작은 키보드가 부착되어 있다.

□ 파일 **File** (컴퓨터) 파일; 서류철→text file 문서파일 keep in a file 철해 두다

X-file, X-ray, X-generation → 이 경우 X는 "미지정의 것(unknown quantity[factor; entity])"의 의미입니다.

□ 팝업 **Pop-up** 인터넷 사이트에 접속하면 관련 창이 뜨고 또 다른 창이 조그마하게 뜨면서 나오는 광고를 말합니다.

□ 포털 **Portal** 사전적인 의미는 "현관, 정문"의 뜻이나 인터넷상에서는 인터넷 사용자가 원하는 정보를 얻기 위해 반드시 거쳐야 하는 단계를 말합니다. 인터넷 포털 사이트는 정보검색 서비스나 커뮤니티와 같이 정기적으로 이용할 수 있는 서비스를 제공함으로써 고정 방문객을 늘려 인터넷 비즈니스로 연결합니다.

□ 프레임 **Frame** 화면을 여러 개의 윈도우로 나누어 메뉴를 쉽게 구분할 수 있도록
지원하는 기능을 말합니다.
＊＊**frame** 프레임, 창틀, 테두리
cf. **flame** 불꽃, 화염

□ 프로토콜 **Protocol** 컴퓨터 상호간의 대화에 필요한 통신규약; (국가간의) 의정서
PTP(File Transfer Protocol) : 인터넷상에서 파일의 송수신을 담당하는
프로토콜
Kyoto Protocol 교토 프로토콜(기후변화협약에 따른 온실가스 감축에
관한 의정서)

□ 하이퍼텍스트 **Hypertext** 인터넷을 검색할 경우 텍스트에 색깔로 강조된 글자가
나타나고, 이 글자를 마우스로 선택하면 관련된 다른 정보들이 화면에 나타납
니다. 이와 같이 문서들이 서로 연결되어 있는 것, 다시 말해 사용자가 관련문
서를 넘나들며 검색이 가능한 텍스트를 하이퍼텍스트라고 하며, 텍스트를 서
로 연결시켜 주는 역할을 하는 것이 Hyperlink **하이퍼링크**입니다.

□ 홈페이지 **Homepage** 웹 사용자가 각각의 웹 사이트에 들어갈 때 제일 먼저 보여
지는 웹 페이지를 말합니다. 개인의 홈페이지는 네티즌(netizen)들과의 '대
화의 장'이자 '정보의 교환창구'입니다.

□ 허브 **Hub** 통신망에서 여러 개의 장치를 연결하기 위하여 사용되는 통신접속장
치를 말합니다.
＊＊**hub** (활동의) 중심, 중추(center)
cf. **herb** 풀, 약초

□ 히스토리 리스트 **History List** 인터넷 이용자들이 방문한 웹 사이트의 명단을 작
성해 둔 것으로 브라우저를 빠져나가면 사라집니다.
＊＊**history** 지나간 일, 경력, 역사

Part 4
한국어식 영어

가정용품

- 가스렌지 **gas range** →stove; two-burner stove
  - ****burner** 불구멍; 난로
  - cf. 전자렌지 electric range →microwave (oven)
- 도란서(전기변압기) **trans** →transformer
- 드라이브 **driver** →screw driver; cross-tip driver(십자 드라이브);
  flat-tip driver(일자 드라이브) ****driver** 운전사
- 리모콘 **remocon** →remote controller
- 마이크 **mike** →microphone
- 믹서 **mixer** →blender ****mixer** 혼합하는 것, 반죽기
- 비디오 **video** →videotape recorder
- 스텐(금속) **stain** →stainless steel ****stain** 얼룩, 오점
- 스피커 **speaker** →loudspeaker ****speaker** 말하는 사람, 강연자
- 앰프 **amp** →amplifier 증폭기
- 에어컨 **aircon** →airconditioner
- 오디오(전축) **audio** →stereo; audio system; home stereo
  - ****audio** (TV, 영화의) 음성부분
- 인터폰 **interphone** →intercom; intercommunication system
  - ** 인터폰(내부전화)은 상표명
- 카메라 셔터 **shutter** →release[shutter] button ****shutter** 덧문, 뚜껑
  셔터를 누르다 = release[press, click, snap] the shutter

☐ 콘센트(전기) concent →outlet; socket

　　cf. **consent** 동의, 승낙

☐ 후라이팬 **fry fan** →frying fan

☐ 후레쉬 **flash** →flashlight ****flash** 섬광; (신문사, 방송국의) 뉴스속보;

　　(사진) 플래시

☐ 휴대폰 **handphone** →cellular phone; cell phone; mobile phone

☐ 펜치 **pliers**

☐ 세탁기 **washing machine; washer** cf. 냉장고 icebox; refrigerator

☐ 선풍기 **electric fan** ****fan** 부채, 선풍기, (영화, 스포츠의)팬

> 참고 **애프터서비스** after service; A/S → warranty (service); after-sales service;
> in-home service; guarantee
> cf. **warranty period** 보증기간

2 자동차

- □ 교통위반 딱지 **sticker** → (citation) ticket ****citation** 소환, 인용
- □ 로터리 **rotary** → intersection ****rotary** 환상교차로
- □ 레미콘 **remicon**(ready-mixed concrete)
    → truck mixer 트럭믹서; cement truck
- □ 리어카 **rear car** → pushcart; handcart
- □ 미등 **small light** → tail lights ****tail** 꼬리, 끝, 후미
    cf. **브레이크 등** brake light → parking lights 주차등
- □ 미션 오일 **mission oil** → transmission oil 전동장치 오일
- □ 백미러 **back mirror** → rear view mirror; (out)side mirror
    cf. **사이드미러** side mirror → outside mirror
- □ 본네트 **bonnet** → hood 엔진 덮개
- □ 빵구(펑크) **punk tire** → flat tire
    ****puncture** 구멍을 뚫기; (타이어의) 펑크; 구멍을 뚫다; 펑크 내다[나다]

    > **참고** 미국에서는 puncture는 거의 사용하지 않고 "flat tire"를 사용합니다.
    > I had a flat tire. 타이어가 펑크 났어요.

- □ 사이드브레이크 **side brake** → emergency brake
- □ 쇼바 **shober** → shock absorber 완충스프링
- □ 스틱 **stick** → gearshift; stick shift(미국); manual gearshift
    ****stick** 지팡이, 막대기; 찌르다
- □ 썬팅(자동차의) **sunting** → window tinting ****tint** 색조; 색채; 그림자
- □ 악셀 **accel** → gas pedal(미국); accelerator(영국)

224

- 오토바이 **autobi**(**ke**) →motorcycle; motorbike; auto‐cycle

    cf. **오토바이맨** autobi man →motorcyclist
- 오픈카 **open car** →convertible ∗∗**convertible** 지붕을 접을 수 있게 된 자동차

    cf. **hatchback** 뒷부분에 위로 열리게 되어 있는 문을 가진 자동차
- 윈도브러시 **window brush** →windshield wiper
- 카센터; 서비스 센터 **car center** → (auto) repair shop; maintenance shop

    cf. **body shop** 차체 수리하는 곳; 직업소개소; 독신남녀 전용바

    ∗∗**maintenance** 유지, 보수, 관리; 위자료; 부양

    a maintenance allowance 생계보조비
- 카퍼레이드 **car parade** →motorcade 차량행렬
- 클락션 **klaxon** → (an automobile) horn
- 핸들 **handle** →steering wheel ∗∗**handle** 손잡이
- 휘발유 **oil** →gas; gasoline
- 휠캡 **wheel cap** →wheel cover 바퀴 덮개

그게 뭐야?

핸들?

Steering Wheel

기타 자동차 용어

깜빠이 indicator	번호판 license plate
시동장치 ignition (점화장치)	좌석벨트 seat belt
속도계 speed meter	주행기록계 odometer
견인차 wrecker; tow truck	소방차 fire engine
응급차 ambulance (앰뷸런스)	승용차 passenger car
자가용차 private passenger car	업무용차 company‐owned car
관용차 public‐owned car	포크레인 steam shovel
불도저 bulldozer 땅밀음차; 협박자	크레인 crane
리무진 limousine 호화로운 대형 승용차, 공항이용객 전용버스	

3 문구류

☐ 노트 **note** →notebook ＊＊**note** 각서, 메모, 주의

☐ 노트북(컴퓨터) **notebook** →laptop

☐ 다이어리 **diary** →schedule book; appointment book;
　　day planner ＊＊**diary** 일기(장)

☐ 스카치테이프 **Scotch tape** →sticky tape; adhesive tape
　　＊＊스카치테이프는 상표명이나 미국에서는 종종 사용됩니다.

☐ 스탠드 **stand** → (desk) lamp ＊＊**stand** 관람석; 정지; 처지

☐ 지퍼 백(주방용) **zipper bag** →zip-lock bag

☐ 코팅 **coating** →laminating ＊＊**coating** 덧칠하기

☐ 콘사이스 **concise** →dictionary ＊＊**concise** 간결한(succinct), 간명한(terse)
　　(opp. redundant; diffuse 장황한)

☐ 프랜카드 **plancard** →placard; banner

☐ 호치키스 **hotchkiss** →stapler ＊＊호치키스는 발명가 이름

☐ 화이트, 수정액 **white** →correction fluid[pen]; whiteout; retouch liquid

☐ 볼펜 **ballpen** →ball-point pen cf. 만년필 fountain pen

☐ 샤프 **sharp** →mechanical pencil cf. 연필심→pencil lead[léd]

☐ 사인펜 **sign pen** →felt-tip pen; felt-tip fineline pen; felt-tip broad line pen

☐ 매직펜 **magic pen** →marker

☐ 형광펜 **color**[**underline**] **pen** →highlighter

☐ 크레파스 **kurepas** →crayon

4 의류 & 화장품

☐ 넥타이 **necktie** → tie ** 일반적으로 tie를 사용합니다.

　타이핀 **tie pin** → tie clip

☐ 나비넥타이 **butterfly tie** → bow tie

☐ 러닝셔츠 **running shirts** → sleeveless undershirts; tank top

☐ 무스탕 **mustang** → sheepskin coat ** **mustang** 야생마

☐ 바바리 **burberry** → trench coat

☐ 브라자 **braza** → bra; brassiere 브래지어; uplift

☐ 오바 **over** → overcoat

☐ 와이샤쓰 **Y-shirt** → dress[white] shirt; shirt

☐ 원피스 **one piece** → one piece dress

　cf. **원피스 수영복** swimming suit

trench
coat

☐ 자크 **Jake** → zipper

☐ 점퍼 **jumper** → jacket

☐ 팬츠 **pants** → underwear; undershorts; briefs(남성용) / panties(여성용)

> ·참고· **pants** 바지 → Take off your pants. 바지 벗어.
> 쫄바지 → **tight pants; tight jean**
> 란제리 **lingerie** (여성용) 속옷

cf. **corset** 코르셋 – 가슴에서 허리부분에 걸쳐 몸매를 아름답게 하기 위해
입는 속옷

girdle 거들 – 배와 허리 부분을 예쁘게 보이기 위해 입는 속옷

bikini 비키니 – (투피스의) 여자 수영복

☐ 팬티스타킹 **panty stocking** → panty hose

****stocking** 긴양말 **sock** 짧은 양말 **tights** 타이츠, 몸에 꽉끼는 옷

cf. **stalking** 스토킹 : 유명연예인이나 운동선수들을 따라다니며 괴롭히는 일

☐ 폴라티 **polar shirt** → turtleneck shirts[sweater]

☐ 하이힐 **highheel** → high-heeled shoes

☐ 루즈 **rouge** → lipbump; lipstick ****rouge** 연지

☐ 로션 **skin lotion** → emulsion

☐ 매니큐어 **manicure** → nail polish

☐ 선탠크림 **suntan cream** → sun cream (lotion); sun screening cream

☐ 스킨 **skin** → tonic lotion

☐ 파마 **perma** → permanent wave; perm

☐ 코너(백화점) **corner** → counter ****corner** 모퉁이, 구석; 코너킥

> ·참고· cut corners 지름길로 가다; 돈, 노력, 시간 등을 절약하다

☐ 코디 **codi** → coordinator

☐ 아이쇼핑 **eye shopping** → window shopping; browsing

☐ 메이커 **maker** → brand-name; famous-maker

****maker** 제조업자(manufacturer)

5 스포츠

- [ ] 게임 셋 **game set** →game and set
- [ ] 메인스탠드 **main stand** →grand stand
- [ ] 백넘버 **back number** →uniform number; jersey number
    - ****jersey** (운동선수의) 셔츠
- [ ] 스타팅 멤버 **starting member** →lineup; starting lineup
- [ ] 슬로우 비디오(느린 동작) **slow video** →slow motion
- [ ] 워밍업 **warming up** →warm‑up
- [ ] 원사이드 게임 **one side game** →one‑sided game 일방적인 경기
    - ****one‑sided** 일방적인, 한쪽으로 치우친
- [ ] 츄리닝 **training** →sweat[jogging] suit ****training** 훈련
    - cf. 트레이닝 슈즈 training shoes →running[sports] shoes
- [ ] 치어걸 **cheer girl** →cheerleader cf. 레이싱걸 racing girl
- [ ] 터치아웃 **touch out** →tag out
- [ ] 파이팅(응원) **fighting** →Go!; Cheer up!; Come on!; Let's go!; Way to go!
- [ ] 포볼 **four ball** →base on balls
- [ ] 데드볼 **dead ball** →hit by pitched ball
- [ ] 투스트라이크 원볼 **two strike one ball**
    - →one ball two strikes
- [ ] 언더스로 **underthrow** →submarine throw

Sweat Suit

☐ 풀베이스 **full base** →three runners on base

☐ 홈인 **home in** →score

　　cf. 득점=runs 유격수=shortstop

　　　희생타=sacrifice(hit) 삼진=strikouts(**K**)

　　　_{·참고·} 1점 홈런 : a solo homer/ 2점 홈런 : a two-run homer/ 3점 홈런 : a three-run homer/
　　　　　만루홈런 : grand slam/ 러닝홈런 running homer(×) → inside the-park home run/
　　　　　a pitcher duel 투수전/ 투수 마운드[투수판]the pitcher mound[plate]
　　　　　hustle play(허슬플레이) → 몸을 날리며 최선을 다하는 경기

　　＊＊**hustle** 척척 해치우다, 힘차게 해내다

　　cf. **bonehead play** 본 헤드 플레이; 실책 ＊＊bonehead 얼빠진

☐ 나이트(야간경기) **nighter** →night game

☐ 백네트(야구장 그물) **backnet** →backstop

☐ 백스크린 **backscreen** →fence

　　　_{·참고·} ~ 회 초 = top/ ~ 회 말 = bottom
　　　　　결정구 → winning shot / Home 홈경기 / Road 원정경기
　　　　　Play of the Day 오늘의 선수
　　　　　ERA 방어율 Earned Run Average
　　　　　AVG 타율 Batting Average
　　　　　OBP 출루율 On Base Percentage
　　　　　SLG 장타율 Slugging Percentage

☐ 골인 **goal in** →goal; make a goal cf. reach the goal(경주~)

　　cf. no goal →no point

☐ 터닝슛 **turning shot** →turned and shot

☐ 풀백 **full back** →sweeper 스위퍼

☐ 골게터 **goal getter** →striker 스트라이크

☐ 골든골 **golden goal** →winning goal

☐ 오버헤드킥 **overhead kick** →bicycle kick

　　＊＊**overhead** 머리 위에, 높이(aloft)

☐ 골 세리모니 **goal ceremony**(의식, 예식) →goal celebration(축하)

　　　_{·참고·} **인저리 타임**(injury time) 축구경기에서 전후반 45분 정규시간 이외에 부상이나 선수교체 등으로
　　　　　인해 지연된 시간에 대하여 추가로 부여하는 시간.

□ 스킨스쿠버 **skin scuba** →scuba diving

□ 포켓볼(당구) **pocketball** →pool

□ 티박스(골프) **tee box** →teeing ground

□ 롤러브레이드 **roller blade** →inline skate ∗∗**roller blade** 상표명

□ 비치파라솔 **beachparasol** →beach umbrella

□ 팔굽혀펴기 **push‐up**(푸시업) cf. 팔씨름 arm wrestling

이종격투기

K‐1 Kickboxing(킥복싱), 가라테(Karate), 쿵푸(Kung‐fu), 권법(Kenpo)등에 공통으로 들어가는 알파벳 K와 number one의 1을 따서 만든 입식 격투기를 말합니다.

UFC(Ultimate Fighting Championship) 미국의 격투기 대회로 가장 큰 규모이며 인지도가 높습니다.

Pride FC 일본의 이종격투기 대회 중 하나로 입식격투기인 K-1과 달리 누르기, 꺾기 등 링 바닥에 누워 기술을 펼치는 '그라운드'가 허용됩니다.

6 음식

□ 카레라이스 **curryrice** →curry and rice

□ 오므라이스 **omeletrice** →omelet over rice

□ 돈가스 **dongas** →pork cutlets ****pork** 돼지고기

□ 비후가스 **beefgas** →beef cutlets

□ 아이스커피 **icecoffee** →iced coffee

□ 카스테라 **Castella** →sponge cake

□ 코카콜라 **Coca Cola** →coke cf. Coke 코카인

□ 사이다 **cider** →seven up; sprite

□ (커피) 프림 **prim; frime** →cream

□ 에그 프라이 **egg fry** →fried egg

□ 호프집 **hop** →beer hall; bar

□ 원 샷(한번에 마시기) **one shot** →Bottoms up!; Chug it down!; Drink up!

□ 더치페이 **Dutch pay** →go Dutch; chip in

　　cf. **Dutch treat** 회비 각자 부담의 회식 [파티]

□ 오바이트 **overeat** →throw up; vomit ****overeat** 너무 많이 먹다

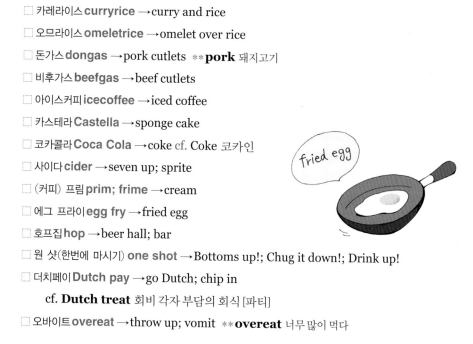

fried egg

음식점에서

dish 요리, 음식/ appetizer 전채/ side dish 반찬/ beverage 음료수/ refreshments 다과/
leftovers 남은 음식/ recipe 요리법/ seasoning 조미료/ taste 맛/ delicious 맛있는/
sour 신/ bitter 쓴/ salty 짠/ sweet 단/ hot 매운, 뜨거운/ flat 싱거운/
peel 벗기다/ slice 얇게 썰다/ boil 삶다/ steam 찌다/ grill 굽다/
bake 빵을 굽다/ fry 튀기다/ garbage can, trash can 쓰레기통/ wet towel 물수건

다음 문장은 꼭 외워 두세요.
Here or to go? 여기서 드시나요, 가져가나요?
To go, please. 가져가요.
What's today's special? 오늘의 요리가 뭐죠?

 술에 관한 표현

Cheers! 건배!
Bottoms up! 원샷!
This round on me. This is my round. 이건 내가 쏠게.
Let's have just one more round. 딱 한 잔만 더 합시다.
Let's make a toast! 건배합시다!

barhopping 2차, 3차로 장소를 옮겨 가면서 마시는 것
champagne 샴페인   gin and tonic 진토닉
whiskey and soda 위스키소다, 하이볼   whiskey on the rocks 얼음에 위스키를 부은 것
hangover 숙취

7 병원

□ 깁스(기부스) **gibs** → (plaster) cast

  ∗∗**cast** 던지기; 배역; 깁스; 기색 →a cast of dejection 낙담한 기색

□ 링거(정맥내주사) **Ringer** →Ⅳ(Intravenous Injection); Ringer's solution

□ 메스(수술용 칼) **mess** →scalpel

□ 반창고 **band** → (sticking) plaster; Band–Aid; bandage(붕대)

□ 식염수 **salty water** →saline solution

□ 약국 **drugstore** →pharmacy

  ∗∗**drugstore** (담배 등도 함께 파는) 약국; 잡화점

  ·참고· 알약 = **pill** / 물약 = **syrup** / 진통제 = **painkiller** / 진정제 = **sedative**

□ 오버센스 **oversense** →oversensitive(신경과민의)

  cf.센치|senti →sentimental(감상적인)

□ 콤플렉스 **complex** →personal problem; inferiority (complex)

□ 핀셋 **pinsets** →forceps

□ 홈닥터(가정주치의) **home doctor** →family doctor

 병명 관련 단어

diagnosis 진단/ prescription 처방전/ medicine 약/ pill 알약/ painkiller 진통제/
pharmacy 약국/ first aid 응급치료/ ambulance 구급차/ emergence room 응급실/
clinic 개인 전문병원

doctor 의사/ physician 내과의사/ surgeon 외과의사/ dentist 치과의사/
oculist 안과의사/ plastic surgeon 성형외과의사/ nurse 간호사/ patient 환자/
isolation ward 격리병동/ mortuary 영안실/ mortician 장의사

cancer 암/ virus 바이러스/ germ 병균/ acute 급성인/ chronic 만성인/
latent period 잠복기/ tumor 종양

disease, illness, ailment, trouble 병/ mental disease 정신병/ heart disease 심장병/
contagious disease 전염병/ endemic disease 풍토병/ venerea disease 성병/
cerebral death 뇌사

organ 신체기관/ cell 세포/ gene 유전자/ tissue 조직/
blood vessel 혈관/ artery 동맥/ vein 정맥/ muscle 근육/ bone 뼈/ fresh 살/ pulse 맥박/
nerve 신경/ complexion 안색/ chromosome 염색체

symptom 증상/ fever 열/ burn 화상/ bruise 타박상/ fracture 골절/ dementia 치매/
athlete's foot 무좀/ dandruff 비듬

headache 두통/ migraine 편두통/ toothache 치통/ stomachache 복통, 위통/
period pains 생리통/ throb 욱신욱신 쑤시다/ dizzy 현기증이 나다/
cough 기침하다/ itch 가렵다/ bleed 출혈하다/ disjoint 관절이 빠지다/ twist 삐다/
swell 붓다/ vomit 토하다/ chill 한기/ cramp 경련/ constipation 변비/ diarrhea 설사/
rash 발진, 뾰루지

8 기타

□ 개그맨 **gagman** →comedian **gag 익살, 거짓말; 농담하다

□ 공중전화박스 **telephone box** →(tele)phone booth

   ** 영국에서는 telephone box를 쓰기도 합니다.

□ 그룹사운드 **group sound** →(musical) band

□ 나이트 **night** →night club

□ 네임밸류 **name value** →name; established reputation

□ 렌즈 **lens** →contact lenses; contacts

□ 만화영화 **animation** →movie cartoon

□ 매스컴 **mass com** →mass media; mass communication

□ 모닝콜 **morning call** →wake–up call

□ 미팅 **meeting** →blind date(소개팅)

   ****meeting** 모임; 회합; 집회(assembly)

   →a farewell meeting 송별회

   a welcome meeting 환영회

   a graduates' meeting 동창회

□ 방송광고 **CF** →Commercial; TV ad. cf. CF model →Commercial actor

□ 배낭여행 **backpack travel** →backpacking

   ****backpack** (캠핑용) 배낭(day pack); 배낭을 지고 걷다

□ 백(연줄) **back** →connection 관계; 연고; 접속; 연결

□ 백 댄스 **back dancer** →background dancing

□ 본드(접착제) **bond** →glue

□ 볼륨댄스 **volume dance** →ballroom dance ****ballroom** 무도장

    cf. 부르스 blues →slow dance

        고고 go go →fast dance

        트로트 trot →fox trot(짧고 빠르고 활발한 스텝)

        ****trot** 빠른 걸음, 총총걸음

□ 비닐 백 **vinyl bag** →plastic bag

□ 비닐하우스 **vinylhouse** →greenhouse

    →greenhouse tangerine 온실에서 자란 귤

□ 빅딜 **big deal** →business swap ****big deal** 대단한 일, 큰 인물

    ****swap** 교환, 부부교환; 바꾸다, 교환하다

□ 사회자 **MC**(**Master of Ceremonies**) →talk show host(남자)

    talk show hostess(여자)

□ 샐러리맨 **salary man** →business man[woman]; salaried man

□ 서클(동아리) **circle** →club; student group

□ 성적증명서 **grade certificate** →transcript

    ****certificate** 증명서, 인가증 →a health certificate 건강증명서

    a certificate of incorporation 법인 설립 인가증

□ 스치로폼 **styrofoam** →polystyrene foam ****Styrofoam**은 상표명.

□ 스킨십 **skinship** →physical contact

□ 사인 **sign** →signature(일반적); autograph(유명인의 ~)

    ****sign** 신호; 손짓; 간판; 사인하다

□ 색(배낭) **sack** →packsack ****sack** 자루, 봉지

□ 아르바이트 **arbeit** →part-time job(시간제 일)

    cf. full-time job(정규직)

□ 아파트 **apart** →apartment ****apart** 떨어져서; 분리하여

□ 앙케트(설문조사, 여론조사) **enquete** →questionnaire

□ 엉덩이 **hip** →bottom; buttocks; butt

Sack 아니라구

Packsack

□ 에로영화 **ero movie** →soft porn; Nc-17 movie(17세 미만 관람 불가)

□ 에어로빅 **aerobic** →aerobics; aerobic dance(에어로빅 댄스);

　aerobic exercises(에어로빅 체조) do aerobics 에어로빅을 하다

□ 오바(행동) **over** →overaction

□ 웰빙 **well-being**(행복, 복리, 건강) →wellness(정신적·육체적 건강 및 복지,

　잘 먹고 잘 사는 것을 포괄하는 의미); healthy life[living, lifestyle]

　cf. **health** 건강/ **fitness** 피트니스, 신체운동

□ 음반 **record** → album　** **platinum**(플레티넘) 100만 장 이상 팔린 음반

　millenium(밀레니엄) 1,000만 장 이상 팔린 음반

□ 첫월급 **first salary** →starting pay

□ 커트라인 **cutline** →cutoff point

　****cutline**(잡지, 사진의) 설명문구(caption)

□ 컨닝 **cunning**(교활한) →cheating

　cf. 컨닝 페이퍼 **cunning paper** →cheating sheets; crib notes[sheets]

□ 콘도 **condo** →timeshare; resort hotel

□ 클래식 **classic** →classical music

□ 탤런트 **talent** →actor(남); actress(여); TV talent　**talent 재능, 인재

□ 티오(**T/O**) →authorized position

□ 포르노 **porno** →pornography

□ 프런트 **front** →front[reception] desk; the desk

□ 프린트 **print**(인쇄) →handout 인쇄물, 유인물

□ 플러스알파 **plus** α →plus extra; (something) additional

□ 헬스 **health** → gym; fitness center[club]

□ 홈드라마 **home drama** →soap opera; family drama

　cf. comedy drama →sitcom 시트콤(situation comedy)

□ 황금시간대 **golden time** →prime time

　cf. golden opportunity(○) 절호의 기회

부록
기본 영단어

1 숫자

· **기수**

zero 0, 영, 공

one 1, 일, 하나

two 2, 이, 둘

three 3, 삼, 셋

four 4, 사, 넷

five 5, 오, 다섯

six 6, 육, 여섯

seven 7, 칠, 일곱

eight 8, 팔, 여덟

nine 9, 구, 아홉

ten 10, 십, 열

eleven 11, 십일, 열하나

twelve 12, 십이, 열둘

thirteen 13, 십삼, 열셋

fourteen 14, 십사, 열넷

fifteen 15, 십오, 열다섯

sixteen 16, 십육, 열여섯

seventeen 17, 십칠, 열일곱

eighteen 18, 십팔, 열여덟

nineteen 19, 십구, 열아홉

twenty 20, 이십, 스물

twenty-one 21, 이십일, 스물하나

twenty-two 22, 이십이, 스물둘

twenty-three 23, 이십삼, 스물셋

twenty-four 24, 이십사, 스물넷

twenty-five 25, 이십오, 스물다섯

twenty-six 26, 이십육, 스물여섯

twenty-seven 27, 이십칠, 스물일곱

twenty-eight 28, 이십팔, 스물여덟

twenty-nine 29, 이십구, 스물아홉

240

thirty 30, 삼십, 서른
forty 40, 사십, 마흔
fifty 50, 오십, 쉰
sixty 60, 육십, 예순
seventy 70, 칠십, 일흔
eighty 80, 팔십, 여든
ninety 90, 구십, 아흔
hundred 100, 백

thousand 1,000, 천
ten thousand 10,000, 만
hundred thousand 100,000, 십만
million 1,000,000, 백만
ten million 10,000,000, 천만
hundred million 100,000,000, 억
billion 1,000,000,000 십억
zillion 수천억

· 서수

first 첫 번째의
second 두 번째의
third 세 번째의
fourth 네 번째의
fifth 다섯 번째의
sixth 여섯 번째의
seventh 일곱 번째의
eighth 여덟 번째의
ninth 아홉 번째의
tenth 열 번째의
eleventh 열한 번째의
twelfth 열두 번째의
thirteenth 열세 번째의
fourteenth 열네 번째의
fifteenth 열다섯 번째의
sixteenth 열여섯 번째의

seventeenth 열일곱 번째의
eighteenth 열여덟 번째의
nineteenth 열아홉 번째의
twentieth 스무 번째의
twenty-first 스물한 번째의
twenty-second 스물두 번째의
twenty-third 스물세 번째의
twenty-fourth 스물네 번째의
thirtieth 서른 번째의
fortieth 마흔 번째의
fiftieth 쉰 번째의
sixtieth 예순 번째의
seventieth 일흔 번째의
eightieth 여든 번째의
ninetieth 아흔 번째의
hundredth 백 번째의

2 색상

black 검정색

blue 파랑

light blue 하늘색

baby blue 베이비블루, 연한 하늘색

navy blue 네이비블루, 어두운 청색(dark blue)

brown 갈색

gray 회색, 쥐색

green 초록

light green 연녹색

emerald 에메랄드, 취록색

orange 주황

pink 분홍

rose pink 로즈핑크, 강한 핑크색(strong pink)

baby pink 베이비핑크, 연한 핑크색

purple 보라색

violet 제비꽃, 보라색

red 빨강

crimson 진홍색

raspberry red 라즈베리 레드, 짙은 자주색 (deep red purple)

yellow 노랑

beige 베이지색, 흐린 노랑, 낙타색

ivory 아이보리 색, 상아색

mustard 겨자색, 밝은 황갈색(deep yellow)

white 흰색

3 동물

alligator 악어

beetle 딱정벌레

camel 낙타

cicada 매미

cricket 귀뚜라미

crow 까마귀

bee 꿀벌

butterfly 나비

chameleon 카멜레온, 변덕쟁이

cockroach 바퀴벌레

crocodile 악어

dinosaur 공룡

dolphin 돌고래

dove 비둘기

dragon 용

dragonfly 잠자리

duck 오리

elephant 코끼리

firefly 개똥벌레

frog 개구리

giraffe 기린

grasshopper 메뚜기

gull 갈매기

honeybee 꿀벌

ladybird 무당벌레

leopard 표범

mole 두더지

mosquito 모기

moth 나방

mouse 생쥐

owl 올빼미

parrot 앵무새

pigeon 비둘기

shark 상어

sheep 양

skylark 종달새

sparrow 참새

swallow 제비

swan 백조

turtle 거북

whale 고래

zebra 얼룩말

 동물 단어 플러스

hedgehog 고슴도치 | **hippopotamus** 하마 | **weasel** 족제비 | **falcon** 송골매 |
hawk 매 | **squirrel** 다람쥐 | **crane** 두루미, 기중기 | **quail** 메추라기 | **cuckoo** 뻐꾸기 |
ostrich 타조, 현실도피자 | **toad** 두꺼비 | **tadpole** 올챙이 | **viper** 독사 | **snake** 뱀 |
lizard 도마뱀 | **salmon** 연어 | **trout** 송어 | **cod** 대구 | **tuna** 참치 | **mackerel** 고등어 |
octopus 문어 | **little[common] octopus** 낙지 | **cuttlefish** 오징어 | **shellfish** 조개 |
clam 대합조개 | **oyster** 굴 | **crab** 게 | **lobster** 바다가재 | **shrimp** 새우 | **coral** 산호 |
seaweed 해초 | **worm** 벌레→**earthworm** 지렁이 |
spider 거미→**spin** (실을) 잣다; (거미, 누에가) 실을 내다; (팽이를) 돌리다 |
web 거미집→**A spider spins a web.** 거미가 거미집을 짓는다.
shell 껍질, 조가비→**shellfish** 조개, 갑각류→**seashell** 바다조개, 조가비→**cuttlefish** 오징어
fly 파리→**firefly** 개똥벌레→**dragonfly** 잠자리→**butterfly** 나비

244

식물 단어

❶ 나무

단풍나무 **maple** | 담쟁이덩굴 **ivy** | 버드나무 **willow** | 소나무 **pine tree** | 아카시아 **acacia** |
월계수 **laurel** | 은행나무 **ginkgo** | 자작나무 **birch** | 전나무 **fir**

> •참고• 나무 tree | 뿌리 root | 줄기 trunk |
> 나뭇가지 branch | 잔가지 twig | 큰 가지 bough |
> 가시 thorn | 줄기 stem | 잎 leaf | 봉우리 bud

❷ 꽃

갈대 **reed** | 국화 **chrysanthemum** | 달리아 **dahlia** | 민들레 **dandelion** | 백합 **lily** |
선인장 **cactus** | 수선화 **narcissus** | 아네모네 **anemone** | 연꽃 **lotus** | 진달래 **azalea** |
코스모스 **cosmos** | 해바라기 **sunflower**

> •참고• 꽃 flower | 꽃다발 bunch | 꽃송이 cluster | 꽃잎 petal | 꽃가루 pollen |
> 개화 blossom | 잡초 weed | 덤불 thicket |
> 개화하다 bloom | 시들다 fade; wither | 옮겨 심다 transplant

❸ 과일 · 채소

사과 **apple** | 배 **pear** | 오렌지 **orange** | 귤 **tangerine** | 복숭아 **peach** |
감 **persimmon** | 밤 **chestnut** | 호두 **walnut** | 잣 **pine nut** | 딸기 **strawberry** |
참외 **melon** | 멜론 **muskmelon** | 수박 **watermelon** | 살구 **apricot** |
키위 **kiwi** | 망고 **mango** | 바나나 **banana** | 포도 **grape** | 오이 **cucumber** |
호박 **pumpkin** | 무 **radish** | 양배추 **cabbage** | 배추 **Chinese cabbage** |
상치 **lettuce** | 가지 **eggplant** | 고추 **red pepper** | 마늘 **garlic** | 파 **shallot** |
양파 **onion** | 토마토 **tomato** | 치커리 **chicory** | 샐러리 **celery** | 우엉 **burdock** |
당근 **carrot** | 시금치 **spinach** | 김 **laver** | 미역 **brown seaweed**

4 신체

face 얼굴   head 머리   eye 눈   nose 코

mouth 입   ear 귀   neck 목   shoulder 어깨

arm 팔   elbow 팔꿈치   hand 손   chest 가슴

breast 유방   ribs 옆구리(side)   leg 다리   foot 발

buttocks 엉덩이

· face 얼굴

head 머리   eye 눈   nose 코   mouth 입

lip 입술   tooth 이   tongue 혀, 말   ear 귀

earlobe 귓불   check 뺨   dimple 보조개   jaw, chin 턱

jutting chin 주걱턱   wrinkles, lines 주름

· head 머리

forehead 이마   brain 뇌   hair 머리털   bump 혹

· tooth 이

molar 어금니   wisdom teeth 사랑니   projecting tooth 덧니

cavity 충치   canine tooth 송곳니

- **eye 눈**

    eyebrow 눈썹   **eyelash** 속눈썹   **eyelid** 눈꺼풀
    double eyelid 쌍꺼풀

- **nose 코**

    nostril 콧구멍   **snub nose** 들창코   **strawberry nose** 딸기코

- **belly 배**

    belly button 배꼽   **potbelly** 똥배   **empty belly** 공복

- **hand 손**

    palm 손바닥   **fist** 주먹   **finger** 손가락
    nail 손톱   **the lines in the palm of one s hand** 손금

- **finger 손가락**

    thumb 엄지   **index finger** 검지   **middle finger** 중지
    ring finger 약지   **pinkie finger** 새끼손가락

- **leg 다리**

    thigh 넓적다리   **knee** 무릎   **joint** 관절

- **foot 발**

    toe 발가락   **heel** 발뒤꿈치   **ankle** 발목
    achilles tendon 아킬레스건, 치명적 약점

- **facial hair 수염**

    beard 턱수염   **moustache** 콧수염   **sideburns** 구레나룻

- 성

  penis (남성의) 생식기   **vagina** (여성의) 생식기

  sanitary napkin, pad 생리대

- 몸속

heart 심장	**lungs** 폐	**liver** 간	**kidneys** 신장
stomach 위	**appendix** 맹장	**anus** 항문	**piles** 치질
bowls 창자	**small intestine** 소장	**large intestine** 대장	

- **workout** 운동

  morning walk 아침산책   **jogging** 조깅

  gymnastics 체조   **lose weight** 살 빼다

  fitness club 헬스클럽

5 동작

applaud 박수갈채하다

clap 손뼉을 치다, 박수 치다

drop 떨어뜨리다

flick (재, 먼지를) 털다

hug 껴안다, 포옹하다

pitch 던지다

pull 당기다, 끌다

shove 확 밀다

squeeze 쥐어짜다, 꽉 쥐다

tickle 간질이다

wave 손을 흔들다; 물결치다

knock (문을) 두드리다; 때리다(**beat**; **rap**)

cf. **pick up** 줍다, 집어 들다; <차로> 사람을 마중 나가다

　　prod 터벅터벅 걷다

catch 붙잡다, 붙들다

drag 끌다, 끌어당기다

embrace 포옹하다, 껴안다

flip (손톱 끝으로) 튀기다

pinch 꼬집다

poke 쑤시다, 쿡 찌르다

push 밀다, 밀치다

snatch 낚아채다

tap 톡톡 치다, 가볍게 두드리다

twist 비틀다

6 기타

· material 소재, 재료

plastic 플라스틱	**iron** 철	**steel** 철강
pottery 도기	**glass** 유리	**tin** 주석
gold 금	**silver** 은	**bronze** (청)동
silk 실크, 명주	**wool** 양모	**cotton** 면
fur 모피	**hemp** 마	**down** (새의) 솜털
leather 가죽	**crocodile** 악어가죽	**rayon** 레이온, 인조실크
synthetic fiber 합성섬유		

· personality 성격, disposition 성질

aggressive 공격적인	**ambitious** 야심 찬
cheerful 명랑한	**confident** 자신만만한
creative 창조적인	**determined** 단호한
disgusted 역겨운	**enthusiastic** 열정적인
flexible 융통성 있는	**hardworking** 열심히 일하는
haughty 거만한	**independent** 독립심이 강한
indecisive 우유부단한	**innocent** 순수한
innovative 혁신적인	**introverted** 내성적인
logical 논리적인	**melancholy** 우울(한)
meticulous 꼼꼼한, 좀스러운	**modesty** 겸손한
narrow-minded 편협한	**optimistic** 낙천적인

pessimistic 비관적인   **phlegmatic** 무기력한

positive 적극적인   **reticent** 과묵한

sheepish 수줍어하는   **smug** 독선적인

sociable 사교적인   **stubborn** 고집불통인

suspicious 의심 많은   **talkative** 말 많은

timid 소심한   **goal‑oriented** 목표의식이 강한

self‑motivated 혼자서도 잘하는

· fare, charge, rate, fee 구별

1) **fare** 탈것, 교통수단의 요금

   cab fare 택시비   **subway fare** 지하철요금

2) **charge** 서비스에 대해서 지불하는 요금

   service charge 수수료   **delivery charge** 배달료

3) **rate** 서비스에 대해서 지불하는 단위당 요금, 비율

   gas[power, water] rate(s) 가스[전기, 수도] 요금

   birthrate 출생률   **death rate** 사망률

   growth rate 성장률   **exchange rate** 환율

4) **fee** (의사 등의) 전문직에 대한 보수, 회비

   school fee 수업료   **consultation fee** 진찰료

   membership fee 회비   **congestion fee** 혼잡통행료

   >**참고** toll 통행료 | price 물건값 | bill 지폐 | coin 동전 | change 잔돈
   >부피=volume, bulk, capacity(용량), barrel 한통, 1배럴

· 우리말 순서와 반대인 대조 영단어

수요공급 : **supply and demand**   생사 : **death and life**

발착 : **departure and arrival**   빈부 : **rich and poor**

신구 : **old and new**   한냉 : **heat and cold**

전후 : **behind and front**   비바람 : **wind and rain**

좌우 : **right and left**

· **은행 관련**

    온라인 서비스 **electronic fund transfers**

    은행통장 **bankbook**

    계좌번호 **account number**

    비밀번호 **secret code; personal identification number(PIN)**

      cf. 컴퓨터 비밀번호 password

    현금자동입출금기 **Automated Teller Machine**

    현금카드 **cash card** →ATM card

7

미국에서 자주 쓰는 슬랭

slang 구어적으로 통용되나 아직 정통어(법)로 인정되지 않는 말이나 속어

- **a real peach** 정말 멋진 여자

  cf. diamond geezer 정말 멋진 남자

- **Achilles' heel** 치명적인 약점

- **airhead** 머리 나쁜 여자; 무책임한 사람

  cf. **bonehead** 멍청한 사람/ **bighead** 자만하는 사람

- **all set** 준비가 다 되어

- **antifreeze** 술(alcohol); 부동액

- **as deaf as a post** 귀가 먼 **deaf** 귀머거리의, 귀가 먼

- **as dull as ditchwater** 엄청 지겨운 **dull** 둔한, 침체된

  ditchwater 도랑에 괸 물

- **as sick as a dog** 매우 아픈

- **as white as a sheet** 아주 창백한 **sheet** (종이) 한 장; 시트

- **at all hours** 항상(always)

- **at the eleventh hour** 마지막 순간에

- **bean pole** 키 큰 마른 사람 **bean-pole** 콩의 줄기를 바치는 긴 막대기

- **big time** 최고수준, 일류; 큰 시합

- **black out** 기절하다(faint; swoon)

- **blue** 우울한(gloomy; melancholy)

☐ **boot** 컴퓨터를 시작하다(~ up); 컴퓨터에 프로그램을 깔다

☐ **botch up** 실수하다(mistake); 망쳐놓다

☐ **bragging** 뽐내기, 거들먹거리기

☐ **brand-new** 아주 새로운, 신품의, 갓 만들어진

☐ **brown-noser** 아첨꾼, 아첨쟁이

    **brown-nosing 아첨(flattery)

☐ **buck up** 격려하다(spur; cheer up)

☐ **bucket down** 폭우가 내리다 ****bucket** 양동이; 양동이로 붓다[나르다]

☐ **buddy-buddy** 아주 친밀한; 절친한

☐ **cab** 택시(taxi)

☐ **can-do** 열심인; 열의, 행동력

☐ **charley horse** (운동선수의) 근육 경련

☐ **ciggy** 담배 cf. chain-smoke 줄담배/ chain-smoker 골초/ deck 담뱃갑/
    swallow 담배 한 모금/ butt 담배꽁초

☐ **cop** 경찰관(policeman)

☐ **crimp** 방해(obstacle; hinderance)

☐ **cuffs** 수갑(manacles): 소매끝동

☐ **curve** (여자의) 각선미

☐ **down-thumb** 거부하다(refuse; deny; reject)

    cf. all thumbs 재주가 없는/ rule of thumb 경험법칙

☐ **eyeball** 노려보다, 눈대중으로 어림잡다

☐ **eye-popping** 깜짝 놀라게 하는, 굉장한

    **pop (눈알이) 튀어나오다; 뻥하고 소리나다

☐ **fifty-fifty chance** 반반(50%)의 확률

☐ **forty winks** 낮잠(nap); 잠깐졸기

☐ **freeloader** 음식을 공짜로 얻어먹는 사람; 빈대

☐ **geek** 괴짜; 변태자(pervert)

- **get the chop** 해고당하다 (be dismissed[fired]; get sacked)

  ****chop** 절단, 찍어내기; (테니스) 깎아치기
- **going-away party** 송별회
- **gramps** 할아버지(grandfather)
- **ham** 배우의 오버하는 연기; 풋내기; 서툰 사람
- **hard-nosed** 고집 센(stubborn)
- **have a ball** 즐거운 한 때를 보내다 ****ball** 즐거운 한때; 무도회
- **heart-to-heart** 솔직한, 숨김없는(frank)
- **heel** 비열한 사람; 배반자
- **hickey** 키스자국; 여드름; 뽀루지
- **history** 과거의 일; 역사; 경력, 병력

  a personal history 경력, 이력서

  a medical history of the patient 환자의 병력
- **hop in[out]** 자동차에 타다[내리다]
- **in the dumps** 우울하여 ****dump** 우울; 의기소침
- **jailbird** 전과자; 죄수, 상습범
- **jock** 운동선수(athlete; sportsman)
- **macho** 근육질의 남성적인 사람, 힘센 사람
- **meat and potatoes** 핵심, 중요한 부분
- **must-see** 꼭 보아야[볼만한] 것
- **nerd** 두뇌는 명석하나 세상물정을 모르는 사람; 얼간이
- **noodle** 머리; 국수; 바보
- **one-aim bandit** 자동 도박기(slot machine)

  ****bandit** 산적, 강도, 무법자
- **on the road** 여행 중인
- **ostrich** 사회적 문제나 위기 등에 무관심한 사람, 현실도피자; 타조
- **phony** 위조품, 가짜(fake); 사기꾼
- **a piece of cake** 쉬운(very easy) 일
- **pimp** 뚜쟁이(pander); 포주

- **plastered** 만취한(drunken)
- **pumpkin** 훌륭한 인물; (부부의 상대방) 자기; 중요한 일; 호박
- **quack** 돌팔이 의사; 사기꾼
- **run-down** 건강을 해친, 병든 ****rundown** (야구) 협살; 감원; 개요보고
- **see red** 격노한(very angry; fly into a fury)
- **shrink** 정신과의사, 위축; 오그라들다
- **snow** (감언이설로) 설득하다, 속이다
- **sweetheart** 사랑스러운 사람; 애인; 여보(darling)
- **the bottom line** 가장 중요한 것 cf. the name of the game 본질, 핵심
- **the green light** (동의의) 허락; 허가, 승인
- **tightwad** 구두쇠(pinch-penny; miser; screw)
- **top banana** 주역배우; 제1인자; 짱
- **Uncle Sam** 미국정부, 미국사람
- **wet behind the ears** 미숙한, 풋내기의
- **yellowbelly** 겁쟁이(coward; chicken; carven; faintheart; funk)

 영어 줄임말

B.Y.O.B.(**Bring Your Own Bottle.**) : 술은 각자 지참
R.S.V.P.(불어 **Repondez s'il vous plait** → **Please, reply.**) : 참석 여부 알려주세요.
F.Y.I. (**For Your Information**) : 참고로, 추가정보로
S.O.S(**Save Our Souls**) : "살려달라"는 외침, 구호요청
B.T.W(**By The Way**) : 그런데 cf. **ie**(라틴어 id est) = 즉, 다시 말해(that is)
O.T(**Overtime**) : 초과근무